48

Der Vollmond und die Festtermine

AUS DER WELT DER BIBEL

2	**Das Neueste aus der Welt der Bibel**
56	**Biblische Archäologie aktuell** Wann erbauten die Römer „ihr Jerusalem"? Wo liegt das biblische Betsaida? Der Gaza-Streifen ist auch Kulturland!
64	**Die Bibel in berühmten Gemälden** Rembrandt van Rijn: David und Jonatan
68	**Die großen Entdeckungen** Gesetze aus Babylonien: Der Kodex Hammurapi
70	**Ausstellungen und Veranstaltungen**
72	**Vorschau und Impressum**

61

Die Suche nach Spuren aus der Zeit Salomos geht weiter: Bodenproben im 3000 Jahre alten Wassersystem von Gezer

EDITORIAL

„Du bist Steinbock, oder?" – „Nein, Widder" – „Hm … Widder passt auch." Ein Gespräch, wie es Viele erleben. Wenn auch Horoskope in Illustrierten meistens eine belustigende Lektüre sind, wissen doch erstaunlich viele Mitmenschen grob, welche Charaktereigenschaften den einzelnen Sternzeichen zugeschrieben werden. Das ist ein Nachhall einer sehr alten Lehre, der „Astro-Logie". Es waren die antiken Griechen, die begannen, diese Wissenschaft zu entfalten, zu der auch die der Geburtshoroskope gehörten. Worum es dabei ging? Lebensbewältigung, Zukunftsgestaltung, Selbsterkenntnis, Sicherheit, Verortung …

Es ist heute eine Herausforderung, sich in das antike Kosmosverständnis hineinzuversetzen oder besser: sich darauf einzulassen. Heute erscheint uns selbstverständlich, dass naturwissenschaftlich belastbare Studien und empirische Nachweise uns eben das bieten: Sicherheit, Verortung des Menschen in der Welt, Möglichkeit zur Zukunftsgestaltung. Astronomie ist heute der berechnende und naturwissenschaftlich arbeitende Teil der Sternenkunde, damals aber gehörten die Beobachtung, die Berechnung und die Deutung der Bahnen, die die unterschiedlichen Himmelskörper zogen, untrennbar zusammen.

Es ist interessant, zu beobachten, welche Wege Judentum und Christentum in den ersten Jahrhunderten mit der Himmelskunde gegangen sind. Beide fußen auf den Schöpfungserzählungen und Urgeschichten, in denen Gott einerseits der Herrscher über die himmlischen Beleuchtungskörper ist (die keinerlei eigene Kräfte besitzen sondern zum Lobpreis Gottes aufrufen) und andererseits den Menschen einen freien Willen mitgegeben hat: Vorherbestimmung durch die Sterne – nur weil man unter einer bestimmten Gestirnskonstellation geboren ist – war nicht denkbar. Die christlichen Kaiser verboten die Himmelskunde, die Rabbinen lehnten Astrologie vordergründig auch ab – aber die Sterne haben ihre Faszination behalten.

Das gewählte Leser/innen-Thema „Äthiopien"
Wir haben Nachfragen erhalten, wann das Äthiopienheft erscheint: als Ausgabe 3/2015, also im kommenden Juli. Mit unserem Redaktionskreis haben wir bereits den Aufriss erstellt.

Viele Entdeckungen beim Lesen wünscht Ihnen
Ihre Helga Kaiser
Redaktion Welt und Umwelt der Bibel

DAS NEUESTE AUS DER WELT DER BIBEL

Byzantinische Mosaiken
Bilder aus Antiochia

Antakya Bei Ausgrabungen in Antakya (Südosttürkei) fanden sich im Zentrum die Überreste eines vornehmen Stadtviertels aus byzantinischer Zeit (5. Jh. nC). Die Fußböden der Villen sind mit Mosaiken ausgelegt. Eines der Bilder zeigt die *Megalopsychia*, eine Frauengestalt der „Großgesinntheit", die Aristoteles und den Neoplatonikern am Herzen lag. Das moderne Antakya beherbergt die Ruinen des antiken Antiochia am Orontes, des ersten Zentrums des frühen Christentums. Die Ausgrabungen wurden vom Archäologischen Museum Antakya und Hatic Pamir (Mustapha-Kemal-Universität) durchgeführt ■

Byzantinisches Mosaik aus der Villa eines vornehmen Stadtviertels im Zentrum des antiken Antiochia, Türkei.

Frühes Mönchtum
Sabas' Siegel

Jerusalem Ein Siegel des 12. Jh. nC, das bisher noch nicht identifiziert worden war, konnte der Person des hl. Sabas zugeordnet werden, einem der Mönchsväter Palästinas, der im 4. Jh. nC lebte und das Kloster Mar Saba in der judäischen Wüste gründete. Diese Entdeckung, die in einer Ausgrabungsstätte eines Jerusalemer Vororts, Bet Wegan, gemacht wurde, zeigt die Ausstrahlung und Bedeutung, die dieses orthodoxe Kloster im Lateinischen Königreich Jerusalem zur Zeit der Kreuzzüge hatte. ■ *(MdB)*

Ein neues Forschungsprojekt an der Universität Basel
Paratexte der Bibel

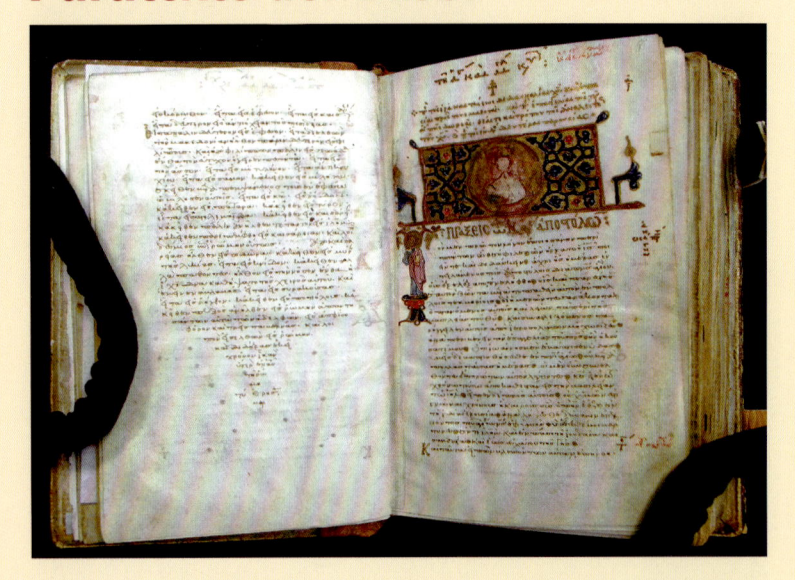

In dieser Bibelhandschrift beginnt der Text der Apostelgeschichte auf der rechten Seite in der Mitte. Davor (linke Seite, darüber, an den Rändern) finden sich diverse „Paratexte" und ein bildliches Element. Es handelt sich um die Handschrift AN.IV.2 der Universitätsbibliothek Basel, fol. 4v-5r.

Basel Die Bibel ist unzählige Male abgeschrieben, gedruckt, gelesen und kommentiert worden. Allein in griechischer Sprache sind etwa 3000 Manuskripte mit dem Text des Neuen Testaments erhalten. Bisher wurden diese Handschriften zumeist benutzt, um die Urtexte zu rekonstruieren. Das neue Projekt wählt einen völlig neuen Ansatz und eine andere Perspektive. Dabei geht es nicht um den fernen Urtext, sondern um den Prozess der Produktion und Rezeption von Texten als solchen: Die Handschriften sind nicht nur als Zeugen eines viel älteren Textes wertvoll, sondern als Zeugen ihrer eigenen Zeit, zumeist des Mittelalters. Sie dokumentieren je selbstständige Akte des Lesens und des Schreibens des biblischen Textes. Daher wird nicht der „eigentliche" Text der Handschrift untersucht – in einem Evangeliar etwa der „reine" Text der Evangelien –, sondern alles begleitende Material darum herum. Solche „Paratexte" sind in fast allen byzantinischen Handschriften in überraschender Fülle enthalten (wie übrigens auch in modernen gedruckten Bibeln): Inhaltsverzeichnisse, Einleitungstexte, Kapitelüberschriften, Gebete, Leseordnungen, liturgische Anweisungen, Schreibernotizen und vieles mehr. ■ *(Prof. Dr. Martin Wallraff, Universität Basel)*

Christliche Basilika freigelegt
Das Kreuz als Haltesignal

Aschkelon Östlich von Aschkelon, in dem israelischen Dorf Aluma, hat man eine byzantinische Basilika mit prachtvollen Mosaikböden freigelegt. Keine ungewöhnliche Entdeckung im Geburtsland des Christentums. Doch es gibt eine Besonderheit: Im südlich gelegenen Kirchenschiff seitlich der Apsis befindet sich ein Medaillon mit einem großen „Staurogramm" (von griechisch *stauros*, „Kreuz"). „Kreuze sieht man äußerst selten auf Fußböden dieser Zeit", bemerkt Luc Renaut, Historiker für frühchristliche Kunst von der Universität Grenoble. „Ein kaiserliches Dekret von 427 verbot Kreuzdarstellungen auf dem Boden, da man es als beleidigend empfand, darauf zu treten." Stammt der Bodenschmuck also aus früherer Zeit? „Soweit man auf den veröffentlichten Fotos erkennen kann, könnten Teile des Mosaiks und besonders die von der Goldschmiedekunst inspirierten Elemente tatsächlich aus dem letzten Viertel des 4. Jh. stammen", bestätigt Pauline Donceel-Voûte, Professorin für Archäologie und Kunstgeschichte und Expertin für Kirchenmosaike des Frühchristentums an der Katholischen Universität Löwen in Belgien. „Die einzige nahöstliche Parallele für diese Art der Kreuzdarstellung befindet sich in einer Kirche im Südlibanon, die auf 389 nC datiert wird." Das von Alpha und Omega flankierte Staurogramm, an dessen Fuß pickende Fasanen abgebildet sind und das oben von zwei Tauben mit einer Girlande geschmückt wird, muss als kunstvolles Symbol für Christus' Sieg über den Tod gesehen werden. In einem Beitrag über die Strategien zur „Abwehr des Bösen" legt Donceel-Voûte dar, wie das Kreuz als Teil eines „Sicherheitsgürtels" aus Bildern fungierte, die an verschiedenen sensiblen Stellen platziert wurden, etwa wie hier am Rand der Apsis oder vor einem Seiteneingang der Kirche: ein „Betreten verboten", das viel stärker wirkt als jede Warnung. ■ *(MdB)*

Ein Mosaik mit „Staurogramm" diente möglicherweise als Warnsignal gegen unbefugtes Betreten einer christlichen Basilika.

Der Titusbogen dokumentiert die Eroberung Jerusalems durch die Römer im Jahr 70 nC. Der 14,5 m hohe Bau erhielt um 190 nC die bekannten Reliefs vom Triumphzug des Kaisers.

Gipsabguss vom Titusbogen
Der Einzug des Kaisers

Leipzig Im Antikenmuseum in Leipzig wird derzeit ein über 100 Jahre alter Gipsabguss des sogenannten Beutereliefs vom Titusbogen auf dem Forum Romanum in Rom restauriert. Vom 11. Dezember an soll der gewaltige, generalüberholte Relief-Koloss mit einer Größe von cirka 4 x 2 m dann erstmalig in Frankfurt am Main in einer Ausstellung des Jüdischen Museums zu sehen sein. ■ *(WUB)*

Syrienkrieg und kulturelles Erbe
Das Ende von Palmyra?

Palmyra Im Mittelpunkt der Berichterstattung über den Krieg im Nahen Osten steht zu Recht das unsägliche Leid der betroffenen Menschen. Trotzdem sollte auch nicht übersehen werden, wie barbarisch uralte Kulturgüter dabei behandelt werden. Zahlreiche Foto- und Videoaufnahmen zeigen den erbärmlichen Zustand, in dem sich eine der einst schönsten Städte des Römischen Reiches befindet. Im Ausgrabungsgelände wurden Panzer und Raketenwerfer der syrischen Armee stationiert sowie Stellungen ausgehoben. Durch Kampfhandlungen wurden Gebäude beschädigt: Der Bel-Tempel erhielt einen Raketentreffer. Zwei Säulen stürzten ein, in der Südwand klafft ein 1 x 2 m großes Loch. Offenbar sind auch Teile der archäologischen Stätte – z. B. der Friedhof im Südosten der Stadt – Plünderungen zum Opfer gefallen. ■ *(Agade/WUB)*

„Knüpfst du die Bande des Siebengestirns

oder löst du des Orions Fesseln?

Führst du heraus des Tierkreises Sterne zur richtigen Zeit,

lenkst du die Löwin samt ihren Jungen?

Kennst du die Gesetze des Himmels?"

Fragen, die Gott dem Ijob stellt. (Ijob 38,31-33)

Die Ordnung der Sterne

Gibt es Gesetzmäßigkeiten in diesem Meer an himmlischen Lichtpunkten? Manche bewegen sich, andere scheinen festzustehen oder rückwärts zu ziehen. Bereits die Babylonier und Griechen erkannten Regelmäßigkeiten in ihren Bahnen und berechneten sie voraus. In den Ereignissen am Himmel sah man göttliches Wirken. Die Himmelskörper repräsentierten Gottheiten und die Himmelsphänomene mussten daher einen Einfluss auf das irdische Geschehen haben. Sachkundige Weise deuteten die Zeichen … Vor diesem kulturellen Hintergrund entsteht der Glaube an den Gott der Bibel, der als mächtiger Schöpfer des Himmels und der Erde die Sterne lenkt. Wie stand er zu den himmlischen Leuchten? Über Jahrhunderte ringen Judentum und Christentum um ihr Verhältnis zur Astrologie – zwischen Faszination und Ablehnung.

Sterne – Götter – Zeiten

Leben unter Sternen

Drei Dinge gehören in der Alten Welt zusammen: Sterne, Götter und Zeiten. Sterne beobachten, heißt ihre Bahnen zu deuten, göttliches Wirken in ihnen zu erkennen, ihren Lauf zu berechnen und besondere Zeitpunkte zu bestimmen.

Von Helga Kaiser

Wer heute unter freiem Himmel nächtigt – in der Wüste oder in den Bergen, weitab jeder unnatürlichen Lichtquelle – mag nachvollziehen, welche Kräfte die antiken Kulturen in diesem fernen und gleichzeitig geradezu aufdringlich präsenten Sternenzelt spürten. Ohne jede Lichtverschmutzung erkannten die Menschen im Altertum mit bloßem Auge eine überwältigende Anzahl von Himmelskörpern. Die teilweise rätselhaften Bewegungen am Himmelszelt und die bisweilen auftretenden außergewöhnlichen Phänomene führten sie auf göttliches Wirken zurück.

Als Ferngläser und Teleskope stärker wurden, stellten die Forscher fest, dass sich hinter vielen dieser hellen Punkte ganze Galaxien verbergen, die wiederum aus Milliarden von Sonnensystemen bestehen. Heute gehen Astrophysiker davon aus, dass sich der Raum spiralförmig weiter ausdehnt. In diesem Raum finden Sternengeburten und Sternenexplosionen statt – und die Zeit krümmt sich um schwarze Löcher. Zwischen diesen modernen Erkenntnissen und der antiken Himmelssicht liegen Welten, und trotzdem stoßen auch Wissenschaftler heute angesichts der Größe und der so unterschiedlichen Prozesse im Weltall an Grenzen. Wie aber begann die Lehre der Himmelskörper?

Die Anfänge der Sternkunde

Von vorgeschichtlichen Beobachtungen zeugen in Europa besonders Kreisanlagen, mit deren Hilfe man die Sonnenwenden feststellte (Abb. S. 44). Im Alten Orient dokumentieren Keilschrifttafeln aus Babylon, wie akribisch die Gestirnsverläufe beobachtet, ihre Zeichen gedeutet und immer ausgefeilter vorausberechnet wurden. Was man beobachtete und berechnete, war einerseits wichtig für das agrarische Jahr und die Navigation und andererseits im Weltbild der altorientalischen Kulturen nicht zu trennen von der Überzeugung: Das Geschehen am Himmel hat eine Entsprechung auf der Erde.

Aufzeichnungen, dass die himmlischen *Omina*, also Zeichen, etwas mit dem Schicksal einer Volksgemeinschaft zu tun haben, finden wir bereits im 2. Jahrtausend vC in Mesopotamien. In Babylon und Assur sind die zuständigen Sternsachkundigen, die diese Omen lesen können, gleichzeitig Priester – Priesterastrologen. Sie teilen dem König mit, worauf die Sterne hinweisen oder welche Gefahren lauern. Den wichtigen Himmelskörpern – Sonne, Mond, Planeten („Irrsterne", die vor dem Hintergrund der Fixsterne zu wandern scheinen) – wurden Götter und Göttinnen zugeordnet. So war man Tag und Nacht in direktem Blickkontakt mit den Repräsentanten der Gottheiten in der himmlischen Sphäre.

Fragen, wie die Sonne vom Abendhimmel an den Morgenhimmel kommt, warum sich die Färbung von Sonne und Mond am Himmelsrand veränderte oder wo der Mond während seiner Unsichtbarkeit ist, fanden mathematische Annäherungen wie auch mythologische Antworten: Die Sonne (der Sonnengott) stirbt abends und wird morgens neu geboren. In der griechischen Version steigt Helios mit seinem Viergespann in den Himmel auf, während die Mondgöttin Selene auf der anderen Seite versinkt. In Ägypten stellt man sich die Nachtreise des Sonnengottes Re vor, den die Himmelsgöttin Nut am Morgen neu gebiert.

Die Zeugnisse vom astronomischen Wissen der Babylonier, Assyrer und Griechen beeindrucken bis heute (etwa die MUL.APIN-Tafeln, Abb. S. 43). Unter den babylonischen Keilschrifttafeln gibt es zum Beispiel Listen, die Sternenkonstellationen, die Anzahl der zugehörigen Sterne und Distanzangaben zur nächsten Konstellation in Ellen benennen; Listen mit Berechnungen für Neumonde, Mondfinsternis- und Planetenumlaufzyklen; Berechnungen der Bewegungen und Standorte von Planeten und des Mondes innerhalb der Tierkreisbilder; man beobachtete den Sternhaufen der Plejaden und die Zirkumpolarsterne. Im Sommer 2014 identifizierte der Historiker Mathieu Ossendrijver von der Humboldt-Universität Berlin auf Keilschrifttafeln im British Museum zwei mathematische Tabellen, die eine weitaus größere Rechenvirtuosität für die Zeit um 450–200 vC belegen als bisher angenommen: Mit bis zu 30-stelligen Zahlen wird in beiden Tabellen eine Anfangszahl so lange durch ihre Faktoren dividiert, bis die Zahl 1 erreicht ist.

Die strikte Trennung von Astronomie und Astrologie ist also ein jüngeres Phänomen; noch in der Renaissance arbeiten große Astronomen wie Johannes Kepler und Tycho Brahe auch als Astrologen; und einem Theologen und Geisteswissenschaftler wie

---

Astrologie
Bedeutung der Sterne für irdisches Leben

IM ALTERTUM ENG VERBUNDEN

Zeitrechnung
Bestimmung religiöser und alltäglicher Rhythmen

Astronomie
Berechnung der astralen Gesetzmäßigkeiten

Die „astronomische Decke" im Grab Sethos' I. bildet Sternbilder und Sternkonstellationen ab. Das Wandbild zeigt Gottheiten der Nachtstunden, die den Pharao nach seinem Tod begleiten. 1279 vC, Tal der Könige.

Der Himmelsglobus, den der Atlas Farnese trägt, (2. Jh. nC) setzt eine verschollene Sternenkarte des Astronomen Hipparchos (gest. 190 vC) um. Archäologisches Museum Neapel.

Die Venustafel des Ammi-saduqa, zeichnet in Keilschrift die Beobachtung des Planeten Venus über 21 Jahre auf. Sie vermerkt seinen 584-Tage-Zyklus sowie Deutungen von Besonderheiten und wichtige historische Ereignisse. 1626 vC, Abschrift, gefunden in der Bibliothek des Assurbanipal, Ninive. Höhe 17 cm, British Museum, London.

Claudius Ptolemaios, einer der bedeutendsten Astronomen des Altertums, mit Quadrant und Astrolabium. Er forschte im 2. Jh. vC in Alexandria. Kupferstich 1564.

VERSUCHE, BIBLISCHE HIMMELSPHÄNOMENE NATURWISSENSCHAFTLICH ZU ERKLÄREN

Bei der Mondfinsternis scheint der Mond rot, was an Offenbarung 6,12 erinnert: „der ganze Mond wurde wie Blut".

In der Bibel begleiten Himmelsphänomene umstürzende Ereignisse auf der Erde. Gott wirkt sie als Zeichen. Besonders apokalyptische Ereignisse haben ihr sichtbares Pendant am Himmel:
• die Sonne steht still
• die Sonne verfinstert sich für mehrere Tage
• die Sonne wird schwarz
• der Mond färbt sich rot
• Sonnen- und Mondfinsternis finden gleichzeitig statt
• die Sterne fallen vom Himmel
• die Sterne verlieren ihren Glanz

Teilweise sind diese Bilder Reflexe auf reale Phänomene, die mit bloßem Auge wahrnehmbar waren: etwa Sonnen- und Mondfinsternisse. Teilweise werden naturwissenschaftliche Unmöglichkeiten dargestellt. Dennoch gibt es Versuche, alle möglichen und unmöglichen in der Bibel erzählten Himmelsphänomene naturwissenschaftlich zu erklären, um die Wahrheit der Bibel zu „retten". Allerdings kollidiert die Methodik der modernen Naturwissenschaften fundamental mit den Kosmos- und Naturvorstellungen der biblischen Verfasser!

• Eine beliebte Stelle für astronomische Spekulationen ist die **Vision des Propheten Ezechiel** vom Thronwagen JHWHs (1,27f): „…. sah ich etwas, was wie Feuer aussah, und einen Lichtglanz hatte ringsumher. Wie die Erscheinung des Bogens, der in den Wolken steht am Tag des Regens, so war die Erscheinung des Lichtglanzes ringsum."

Hier wurde ein Polarlicht vorgeschlagen (so vermuten Physiker vom Zentrum für Weltraumforschung an der Boston University, da der magnetische Pol der Erde im 6. Jh. vC auf dem Breitengrad Babylons gelegen habe) oder eine Halo-Erscheinung, bei der Eiskristalle in der Luft das Sonnenlicht brechen und Lichtsäulen, Nebensonnen oder Ringstrahlung um die Sonne ermöglichen.

• Ein anderes Beispiel ist der **Stillstand der Sonne über Gibeon**:
„…. Da stand die Sonne still, und der Mond blieb stehen, bis das Volk Rache genommen an seinen Feinden. … Die Sonne blieb stehen mitten am Himmel, und fast einen ganzen Tag lang verzögerte sie ihren Untergang"(Josua, 10,12-13). Auf der Suche nach Belegen für den ruckartigen Stillstand der Erdrotation müsste erwogen werden, dass Stalagmiten und Stalaktiten in Tropfsteinhöhlen umgestürzt wären (Burkard Steinrücken, Leiter der Sternwarte Recklinghausen, spielt die Absurdität der Erwägung durch in: *Himmelszeichen in der Bibel. Und was die Astronomie dazu sagt*. Weblink zum Beitrag auf S. 55.) Im antiken geozentrischen Weltbild hält aber Gott die Sonne an – auf der Erde wäre nichts spürbar. Die biblische Erzählung will Gott hier als Herrscher über den Lauf der Sonne darstellen.

• Bezüglich der **Sonnenfinsternis beim Tod Jesu** (Lk 23,44 parr) wurde u. a. mithilfe der Positionsastronomie versucht, eine totale Sonnenfinsternis über Jerusalem um das Jahr 30 nachzuweisen, um den Todeszeitpunkt Jesu genau zu bestimmen. Tatsächlich wurde für den 24. November 29 eine Finsternis über der Levante berechnet. Den Evangelien zufolge wurde Jesus aber zu Pessach, bei Vollmond, hingerichtet. Eine Sonnenfinsternis tritt jedoch nur bei Neumond auf.

Es bleibt: Die Erzählungen beschreiben die Stärke JHWHs anhand von Naturphänomenen und erhalten ihren Sinn im Weltverständnis der biblischen Zeit.

Phillipp Melanchthon (gest. 1560) war die Deutung der Sterne selbstverständlich.

Das Lehrsystem der Astrologie

In Babylon wurden bereits jene zwölf Sternbilder beschrieben, die von Sonne, Mond und Wandelsternen durchzogen wurden: der Tierkreis oder griechisch *zodiakos*. Weiterentwickelt und zur Grundlage ihrer Astrologie gemacht haben ihn die Griechen ab dem 5. Jh. vC. Jetzt erhielt die Methode zur Erstellung von Geburts- oder Empfängnis-Horoskopen Grundregeln, die bis heute angewandt werden. Diese Weiterentwicklung der Astrologie vollzog sich parallel zur wachsenden Popularität der Philosophenschulen und der allgemeinen Frage nach dem Glück und Schicksal des Menschen. Motivation war – wie bereits bei den Babyloniern – die Bewältigung des Lebens und der Zukunft, sei es, ob man ganze Völker den Tierkreiszeichen zuordnete (möglicherweise findet sich ein Reflex darauf in der Liste von Völkern, die beim Pfingstereignis in der Apostelgeschichte 2,9-11 genannt werden), ob es um Schicksale von Königen und Städten ging, oder ob Privatpersonen nach dem richtigen Zeitpunkt für ein wichtiges Gespräch oder die Körperpflege fragten. Es regte sich aber auch Kritik an der Methode: Sie sei zu komplex für verlässliche Aussagen und grundsätzlich entziehe sich die Art des Einflusses menschlichem Erkennen. Nach der aristotelischen Physik fand Einwirken nur über direkte Verbindung statt. Dass ferne, unsichtbare astrale Kräfte auf Menschen Einfluss nehmen könnten, war in diesem System schwer vorstellbar.

Von griechischen Gelehrten sind astronomisch-astrologische Werke in großem Umfang erhalten, die Einblick in die Berechnungsmethoden, die Instrumente und das deutende System der astrologischen Wissenschaft erlauben. Zwei große Namen sind Hipparchos (ca. 120–190 vC), von dem man einen Sternenatlas rekonstruieren kann, und Ptolemaios (ca. 100–160 nC), der das geozentrische Weltbild entwickelte (Abb. S. 38) und die wichtigen Handbücher *Mathematike Syntaxis* (erfuhr nach der mittelalterlichen Übersetzung ins Arabische als *Almagest* große Verbreitung) und *Tetrabiblos*, ein Standardwerk zur Astrologie, verfasste. Letzteres ist unter seinem Namen veröffentlich, mitunter wird allerdings angezweifelt, dass es von ihm stammt.

Sterne als Basis für die Zeitberechnung

Zur Astrologie, aus der die Astronomie hervorging, gehört eine dritte Disziplin: die Zeit- und Kalenderberechnung. Sie hatte neben dem Nutzen für die Landwirtschaft einen zutiefst religiösen Aspekt. Wenn die Gestirne Repräsentanten der Gottheiten waren und wenn nach Sonne, Mond und Sternen die Zeit strukturiert wurde, dann hatten bestimmte Zeitpunkte folgerichtig besondere Qualitäten. Es lag dann nahe, bestimmte Stunden, Tageszeiten oder Wochen für den Kult entsprechender Gottheiten zu bestimmen. Das Leben der Menschen wurde und wird durch den Gang der Himmelskörper rhythmisiert – die Bedeutung der kulturgeschichtlichen Errungenschaft von Kalendern kann kaum überbewertet werden (vgl. Beitrag von Jörg Rüpke). Dabei sollte die Harmonie der Zahlen möglichst der Harmonie der Zeitberechnung und der Harmonie von Sonne und Mond entsprechen – das war allerdings bei einem Jahr von 365,25 Tagen nicht einfach und erforderte manchmal diffizile Schalttage und Monate, um Solar- und Lunarsyteme in Einklang zu bringen.

Ein Beispiel für die frühe Zeitmessung findet sich sogar in der Bibel: Anhand des Sonnenschattens konnte man die Tageszeiten bestimmen. Die lateinische Übersetzung der Bibel – die Vulgata – erwähnt in 2 Kön 20,11 ein *horologium* des Ahas, eine „Sonnenuhr". Im Hebräischen steht dort jedoch nur „Stufen". König Ahas regiere nach biblischer Chronologie 736–716 vC. Die Erzählung von 20,8-11 lautet in der Einheitsübersetzung so:

„Hiskija [Nachfolger des Ahas] aber fragte Jesaja: Was ist das Zeichen dafür, dass der Herr mich heilen wird und ich übermorgen zum Haus des Herrn hinaufgehen werde? Jesaja antwortete: Das soll für dich das Zeichen des Herrn sein ...: Soll der Schatten zehn Stufen weiter abwärts oder zehn Stufen rückwärts gehen? Hiskija erwiderte: Für den Schatten ist es ein Leichtes, zehn Stufen weiter abwärts zu gehen. Nein, er soll zehn Stufen rückwärts gehen. Da rief der Prophet Jesaja zum Herrn und dieser ließ den Schatten die zehn Stufen zurückgehen, die er auf den Stufen (Vulgata lat. in horologio) des Ahas bereits herabgestiegen war."

Nach 2 Chr 32,31 kommen sogar die Unterhändler der babylonischen Obersten, um dieses Zeichen zu studieren.

An einem Gebäude mit Stufen maß man also den Schatten und damit die Zeit. Gott vollzog ein Wunder, indem er den Schatten rückwärts wandern ließ. Ein tragbarer Zeitmesser aus dem 6. Jh. vC mag veranschaulichen, wie die „Sonnenuhr des Ahas" ausgesehen haben mag (s. Abb.; mehr dazu in Karlheinz Schaldach, *Die antiken Sonnenuhren Griechenlands*, Frankfurt 2006, 18f).

Die Popularität der Horoskope in Rom

In römischer Zeit wurden Astrologie und Horoskope als Möglichkeit, in die Zukunft zu schauen, überaus populär, allen voran bei den Kaisern von Augustus bis Caracalla. Eng verbunden sahen sie ihr Schicksal und das Schicksal des Reiches mit den Planetengöttern wie Jupiter, Saturn, Mars, Venus, mit Kometen und Konjuktionen. Die Astrologiegläubigkeit in der römischen Umwelt während der Entstehung des Neuen Testaments und während der formativen Phasen des frühen Judentums und Christentums in den letzten Jahrhunderten des paganen Römischen Reichs (1.–4. Jh.) muss enorm gewesen sein. Die Kirchenväter dieser Zeit beschimpfen die Astrologen als Scharlatane und warnen ihre Gemeindemitglieder, nicht auf Horoskope hereinzufallen. Der Himmel sei Gottes Bereich und Teil der Weltordnung. Dieser Ordnung müsse der Mensch sich fügen. Doch beobachteten auch Juden und Christen die Gestirne genau, um die Festzeiten kalendarisch zu berechnen – was zu innerjüdischen und innerchristlichen Streitigkeiten führte (vgl. „Osterfeststreit", S. 51).

Unweigerlich führte die Sterndeutung zur Diskussion über den freien Willen der

> Die Kirchenväter ermahnen ihre Gemeinden, nicht auf Horoskope hereinzufallen

Menschen. Zwingt das Vertrauen auf Geburtshoroskope zur Annahme, dass die Sterne schicksalhafte Ereignisse verursachen? Oder sind sie nur Anzeichen, wie etwa Kometen und Himmelsereignisse bei den Geburten römischer Kaiser? Kann man das vorherbestimmte Schicksal noch durch sein Verhalten beeinflussen? Sind es nur Rahmenvorhersagen, innerhalb deren Gestaltungsspielräume herrschen? Eine deterministische Sicht der Sterne oder die Verehrung von Gestirnen oder Gestirnsgottheiten ließ sich mit dem Eingott-Glauben der Juden und Christen jedenfalls nicht vereinbaren.

Und so wird im Laufe der Entwicklung des Christentums geheimes Wissen aufgrund der Sternenbeobachtung äußerst kritisch gesehen: NachfolgerInnen Christi waren ja gerade vom Schicksal durch die Sterne befreit. Dennoch waren und sind auch heute Horoskope in christlichen Kreisen durchaus beliebt, manche Seelsorger verwenden Horoskope und ähnliche Raster, um Menschen zu helfen, sich selbst zu betrachten und zu entdecken.

(Helga Kaiser, Redaktion)

Tragbarer Zeitmesser mit Stufen, 6. Jh. vC, Nationalmuseum Kairo: Vorbild für die „Sonnenuhr" des biblischen Königs Ahas?
(aus: K. Schwarzinger, *Kairoer Instrumente der altägyptischen Zeitmessung*, RGSA 17, 1999)

Der Halleysche Komet war im Februar 1066 sichtbar, kurz bevor die Normannen England eroberten. Für die englische Bevölkerung war klar: Ein Zeichen Gottes, dass ein Herrschersturz bevorstand. Der Teppich von Bayeux stellt das dar. 2. Hälfte 11. Jh.

Von der Schöpfung bis zur Offenbarung

Die Nachtgestirne in den biblischen Texten

Die Gestirne sind in der Bibel als Kunstwerke Gottes beschrieben.
Sie spiegeln seine überwältigende Schöpfermacht. Das „Himmelsheer"
war im Monotheismus aber immer auch eine Verführung.
Von Silvia Schroer

Der helle Abendstern – die Venus – nahe der Mondsichel
kurz nach Neumond. Astronomisch heißt diese Mondphase „Neulicht".
Bei der ersten Sichtbarkeit des zunehmenden Mondes nach dem Neumond
wird bis heute im Judentum das Fest *rosch chodesch* gefeiert: Das Neulicht ist ein Zeichen der Gegenwart Gottes in seiner Schöpfung.

*Gott sprach: Es seien Leuchter am festen Gewölbe des Himmels,
zu scheiden zwischen dem Tag und der Nacht,
sie seien Zeichen für bestimmte Zeiten, für Tage und Jahre.
Sie seien als Leuchter am festen Gewölbe des Himmels, um über der Erde zu leuchten.
Und es geschah so.
Gott machte die zwei großen Leuchter, den größeren zur Beherrschung des Tages,
den kleineren zur Beherrschung der Nacht, und die Sterne.
Gott setzte sie an das Himmelsgewölbe, damit sie über der Erde leuchten,
damit sie am Tag und in der Nacht herrschen und das Licht vom Dunkel trennen.
Gott sah, dass es gut war.
Es wurde Abend, es wurde Morgen: vierter Tag.* (Genesis 1,14-19)

Nach Genesis 1 erschafft Gott am 4. Tag die Tag- und Nachtgestirne. Der priesterschriftliche Schöpfungsbericht unternimmt dabei alles, um insbesondere Sonne und Mond als Schöpfungswerke Gottes, als bloße Beleuchtungskörper am Firmament darzustellen, die den Wechsel von Tag und Nacht anzeigen sowie den Jahreslauf strukturieren (vgl. auch Ps 8,4; Ps 104,19; Ps 136,9). Er verzichtet sogar in höchst umständlicher Weise auf die Verwendung der hebräischen Wörter für Sonne (*schemesch*) und Mond (*jareach*), die ebenso den Sonnengott und den Mondgott bezeichneten. Der Rang eigenständiger Gottheiten wird den Gestirnen in diesem Text genommen, sie unterstehen der Verfügung des einen Gottes, der ihnen jedoch ausdrücklich den Auftrag, über Tag und Nacht zu herrschen (*l^ememschelet*), erteilt. Die Entmythologisierung der Gestirne geht aber längst nicht so weit wie bei Anaxagoras, einem griechischen Naturphilosophen des 5. Jh. vC, der Sonne und Mond einfach als „feurige Steine" (Fragment 59 A 42) bezeichnete. Als von Gott geschaffene Kunstwerke tragen in der biblischen Darstellung alle Schöpfungswerke, auch die Gestirne, den Fingerabdruck des Künstlers (Ps 8,4: „*Seh ich den Himmel, das Werk deiner Finger, Mond und Sterne, die du befestigt ...*"). Somit behalten sie etwas von ihrem göttlichen Geheimnis und Zauber. Außerdem teilen sich Gott und die Gestirne den Raum, der mit dem vieldeutigen, immer im Plural stehenden Wort Himmel (hebr. *schamajim*) bezeichnet wird. Diese Nähe zwischen den Gestirnen und göttlichen Mächten „droben" treffen wir auch in den Weltbildern Mesopotamiens und Ägyptens an.

Der israelitische Monotheismus hat, gerade was die Gestirne und ihre Verehrung betraf, langfristig eine enorme Flexibilität und Integrationsfähigkeit bewiesen, wovon bildliche Darstellungen wie biblische Texte Zeugnis ablegen (Beispiele dazu weiter unten). Die Gestirne am Tag- und Nachthimmel stellten die Praxis einer exklusiven JHWH-Verehrung allerdings bis weit in die nachexilische Zeit auch auf eine permanente, harte und letztlich nicht zu gewinnende Probe. Denn die Gestirne waren jederzeit allen sichtbar und ihre Verehrung war nicht an Kultbilder und Kultgebäude gebunden. Vom faszinierten Blick zum Himmel und der Kusshand des heimlichen Verehrers (Ijob 31,26ff) bis zur Anbetung der Gestirne war es, wie die Warnungen im Deuteronomium voraussetzen, nur ein kleiner Schritt: „*Wenn du die Augen zum Himmel erhebst und das ganze Himmelsheer siehst, die Sonne, den Mond und die Sterne, dann lass dich nicht verführen! Du sollst dich nicht vor ihnen niederwerfen und ihnen nicht dienen. Der Herr, dein Gott, hat sie allen anderen Völkern überall unter dem Himmel zugewiesen*" (Dtn 4,19; auch 17,3). Man stieg auf das eigene Hausdach (Jer 19,13; 32,29) oder die nächste Kulthöhe und brachte ein Räucheropfer dar, sei es für den Mond, ein Gestirn oder das ganze „Himmelsheer" (2 Kön 21,3; Abb. 1). Dtn 4,19 setzt ebenso voraus, dass die Nachbarvölker Astralkulte haben – und behalten sollen – und dass der Kontakt mit solchen Kulten kaum zu vermeiden ist (vgl. noch Weish 13,2).

Tatsächlich gerieten die religiösen Vorstellungen zwischen dem 9. und 7. Jh. vC nach Ausweis ikonografischer Zeugnisse aus Palästina/Israel nacheinander in den Sog gewaltiger Solarisierungs-, Astralisierungs- und Lunarisierungswellen des ganzen Alten Orients. Dass der JHWH-Kult in Jerusalem anhaltend stark von vorderasiatischer wie von ägyptischer Sonnentheologie geprägt wurde, ist inzwischen *communis opinio*. Konzepte von göttlicher Gerechtigkeit, aber auch die Hoffnung auf Regeneration und Gedeihen gingen in die Tiefenstrukturen israelitischen Gottesglaubens ein. In diesem Beitrag beschränken wir uns daher auf die Bedeutung der Nachtgestirne. Einen starken Aufschwung erlebten die Kulte der nächtlichen Gestirne durch den assyrisch-aramäischen Kulturdruck auf Palästina/Israel im 8./7. Jh. vC. Besonders der Kult des Mondgottes von Haran wurde damals im Westen sehr populär (vgl. Thomas Staubli et al. 2003, *Werbung für die Götter. Heilsbringer aus 4000 Jahren*, Freiburg/Schweiz, 65–89).

1. Das Himmelsheer umfasst auf dem Skaraboid nordsyrischer Herkunft des 8./7. Jh. vC Tag- und Nachtgestirne: Um eine geflügelte Sonnenscheibe herum sind die liegende Neumondsichel, der achtstrahlige Ischtarstern und das Siebengestirn gruppiert.

Das ganze Himmelsheer

Der Anblick des Sternenhimmels, wie ihn die Generationen vor uns kannten, ist heute in vielen Weltregionen der zivilisationsbedingten Lichtverschmutzung zum Opfer gefallen. Für einen Bertolt Brecht war dieser Anblick noch Grund genug für ein ehrfürchtiges, staunendes, erschüttertes Schweigen: „Ach, wer von einem Sternenhimmel eine Vorstellung hat, der könnte eigentlich sein Maul halten". In den biblischen Texten sind die Sterne (*kochavim*) am Firmament der Inbegriff einer unzählbaren, überwältigend großen Zahl, die bei der Verheißung von Nachkommenschaft gern zum Vergleich beigezogen wird (Gen 22,17 und öfter; Dtn 28,62). Im bekannten Lied „Weißt du, wie viel Sternlein stehen?" erscheint Gott als ein sorgender Hirte, der die Unzählbaren bis auf den letzten Stern zählt. Der Liedtext greift auf Jes 40,25ff zurück, Verse, die im Exil die Einzigartigkeit JHWHs mit seinen kosmischen Machterweisen begründen. Der Sternenhimmel in seiner Unendlichkeit lässt Rückschlüsse auf die noch unendlich viel größere, unvergleichliche Macht des Schöpfers zu. Gott führt das Heer der Gestirne heraus, zählt, ruft alle mit Namen (vgl. Ps 147,4) – keiner fehlt.

Das Zählen ist kein simples Durchnummerieren, sondern es impliziert die Herstellung und Kenntnis grundlegender Ordnungen. So „zählt" nach Ijob 28,27 Gott auch die Weisheit, das heißt, er legt die Fundamente seines Weltplans. Nicht nur die Anzahl der Sterne, auch die Ordnungen, denen sie bei ihren Bewegungen im Tagesverlauf und im Jahresverlauf folgen, sind göttliche Machterweise. In der babylonischen Tradition war es Marduk, der seine Souveränität und Überlegenheit durch uneingeschränkte Befehlsgewalt über die göttlichen Sterne unter Beweis stellte. Jes 40,25ff ist nicht der einzige nachexilische Text, der es bezüglich der Sterne mit babylonischer Theologie aufnimmt. Auch in der ersten Gottesrede des Ijobbuches (38,31-33) dürfte die Frage an Ijob „*Kannst du die Sternbilder hervortreten lassen zur rechten Zeit ...?*" auf Vorstellungen zurückgreifen, die seit dem babylonischen Schöpfungsepos *Enuma elisch* mit Marduk als dem Hirten der Sterne verbunden waren (M. Albani 2001). Der Gott, der sich Ijob zu erkennen gibt, beansprucht nun, dieser Sternenhirte zu sein, welcher die Sterne bindet, herauslässt und führt. Die Ordnungen, ja Satzungen (Ijob 38,33) des Himmels, die speziell in Mesopotamien sehr genau erforscht, aber auch in Israel beobachtet wurden, waren ein Gotteserweis.

Der Blick zu den Sternen konnte in Zeiten geschichtsbedingter Enttäuschungen und sozialer Krisen, wie im Exil oder nach der Rückkehr aus dem Exil, eine kosmische Beständigkeit und Dauer vermitteln, die das Vertrauen in den Gott, der diese Ordnungen geschaffen hatte, stärkte und erneuerte.

In Mesopotamien entwickelte sich seit dem 3. Jahrtausend vC die Sternenkunde zu einer Wissenschaft. Bereits im 4. Jh. vC war der uns heute vertraute Tierkreis (Zodiak) bekannt. Der Zweck der Sternenkunde war aber nicht zuletzt divinatorisch (Jes 47,13), sie sollte also dem Herausfinden der Zukunft und des von den Göttern bestimmten Schicksals dienen. Es ist unwahrscheinlich, dass die in Ijob 38,32 und 2 Kön 23,5 erwähnten *mazzarot* oder *mazzalot* – in vielen Bibelübersetzungen mit „Bilder des Tierkreises" wiedergegeben – schon Tierkreiszeichen bezeichnen. Aus auffälligen Konstellationen und Ereignissen am Sternenhimmel Voraussagen für die Zukunft zu gewinnen, war gewiss für die Bevölkerung Judas verführerisch (Jer 10,2), aber allzu professionell wurde die Astrologie vermutlich nicht betrieben – oder die biblischen Texte verschweigen dies. Einzig die Befragung von Gottesmännern am Neumondfest (2 Kön 4,23) könnte auf Orakel hinweisen, die vom Nachthimmel abgelesen wurden. Viel größeres Interesse an der Astronomie und Astrologie dokumentieren jüdische Schriften wie das Henochbuch und auch das Buch Daniel (Dan 8).

In griechisch-römischer Zeit gehörte die Kenntnis von Sternbildern zum Allgemeinwissen auch der jüdischen Bevölkerung, spätantike Synagogenfußböden wurden beispielsweise mit den zwölf Tierkreiszeichen ausgestaltet (s. Beitrag Reimund Leicht). Der Evangelist Matthäus (Mt 2,2.9) lässt in seiner Kindheitsgeschichte Sternkundige aus dem Osten (Arabien) einem Stern im Aufgang folgen, der sie nicht zu einem weltlichen König, sondern nach Betlehem zum neugeborenen Kind führt. Häufiger treten im Neuen Testament die Sterne in apokalyptischen Texten auf. Verfinsterungen von Sonne und Mond, wie sie schon die Propheten erwähnen (Jes 13,9f), oder vom Himmel fallende Sterne (Mk 13,24ff; Mt 24,29; Offb 6,13; 8,10; 9,1) sind Zeichen für weltbewegende, die Schöpfung umstürzende Vorgänge. Die Offenbarung setzt zudem solare, lunare und astrale Symbolik ein, um von Gott und Jesus Christus zu sprechen. Christus ist der strahlende Morgenstern (Offb 22,16), er hält in seiner Rechten sieben Sterne (1,16 und öfter), Gott und Christus leuchten wie Sonne und Mond (21,23; 22,5).

Spezielle Sternbilder

Sterne und Sternbilder am Nachthimmel waren für die Bauern im alten Israel und in anderen antiken Kulturen wichtige Zeichen im Ablauf des landwirtschaftlichen Jahreskalenders. Morgenaufgang, Morgenuntergang, Abendaufgang und Abenduntergang bestimmter Sterne wurden genau beobachtet. Mit besonderer Ungeduld erwartete man den Aufgang des Sternbilds Skorpion (zusammen mit der Waage), der die Tag- und

---

Vorexilisch, exilisch, nachexilisch

Das Bablyonische Exil des Volkes Israel wird auf 586–539 vC datiert. Die biblische Geschichte und die Schriften werden gern danach gegliedert, da das Exil – die Begegnung mit der babylonischen Kultur und der Schock des zerstörten Tempels – einschneidende theologische Entwicklungen anstieß.

Allzu professionell wurde die Astrologie in Judäa nicht betrieben – oder die biblischen Texte verschweigen dies

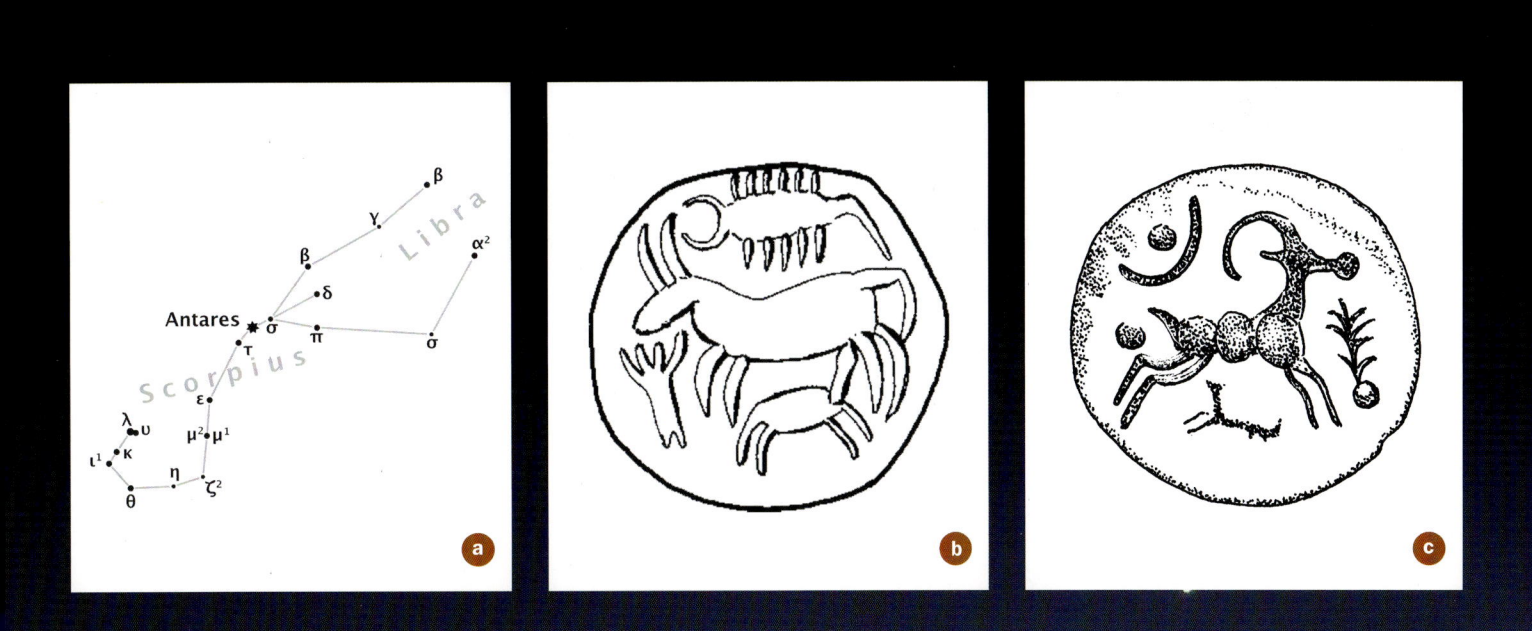

2. Wenn das Sternbild Skorpion aufging, war die herbstliche Tag-und-Nacht-Gleiche erreicht und die Ernte begann (a). Während auf früheisenzeitlichen Siegeln die säugende Ziege meistens mit einem Skorpion zusammen erscheint (b), wird sie im 7. Jh. vC gern mit der Mondsichel kombiniert (c). Auf beiden Siegeln zeigen Pflanzen an, dass die göttlichen Segenskräfte sich auf Fauna wie Flora erstrecken.
(b) Konisches Stempelsiegel vom Tell el-Fara Nord, 11./10. Jh. vC. (c) Marmorsiegel, erworben in Rabbat-Moab (Jordanien), 7. Jh. vC.

Nachtgleiche im Herbst markiert. Wenn der Skorpion mit dem Antares als Hauptstern (Abb. 2a) am Herbsthimmel sichtbar wurde, konnte man auf den Winterregen hoffen, den Pflug anspannen und auf den Wurf des Kleinviehs warten. So erklärt sich, was der Skorpion auf so vielen früheisenzeitlichen Siegeln neben der Ziege mit ihrem Jungen zu suchen hat (Abb. 2b und 2c; vgl. Anna E. Zernecke, 2008, *Warum sitzt der Skorpion unter dem Bett? Überlegungen zur Deutung eines altorientalischen Fruchtbarkeitssymbols*, ZDPV 124, 107–127). Er repräsentiert wohl weniger das zoologische Tier als das Sternbild.

Diesem steht das auffällige Gestirn der Plejaden im Sternbild Stier gegenüber (hebr. *kimah*, wahrscheinlich „Haufen"). Mit deren Frühaufgang begann die Zeit des Mähens und der Sommer kam, ihr Spätuntergang brachte die Zeit des Pflügens und Säens (Hesiod, *Erga kai hemerai*, 382–386). Obwohl die Siebenzahl der Plejaden eher eine symbolische Projektion ist – sichtbar sind eigentlich nur sechs Sterne – wurden sie doch in Mesopotamien als *sebittu* („Siebener") bezeichnet und mit sieben Punkten dargestellt, häufig neben der Mondsichel und dem Venusstern, und so als *pars pro toto* für den gesamten Nachthimmel. Mit den Plejaden waren in Mesopotamien sieben kriegerische Dämonen oder sieben Götter und die Angst vor einer großen Flut verbunden. Möglicherweise ist eine Erinnerung an diese Tradition in Amos 5,8 erhalten (M. Albani 1999), wenn JHWH sich als der erweist, der die Plejaden und den Orion (k^esil) erschaffen hat (vgl. Ijob 9,9), über Taghelle und Nachtdunkel befiehlt und das Wasser im Meer herbeiruft, um es auf die Erdoberfläche zu schütten. Naheliegender scheint aber, dass die Plejaden hier einfach mit dem Anbruch der Winterregen assoziiert sind, die in der kanaanäischen Tradition dem Wettergott und seinem erfolgreichen Chaoskampf zugeschrieben werden.

Kriegerische Aspekte von Sternen gibt es allerdings auch in der biblischen Tradition. Im Kampf gegen Sisera erfährt Israel nach Ri 5,20 Hilfe von den Sternen, die von ihren Himmelsbahnen aus mitkämpfen. Die Bezeichnung „Heer des Himmels" (*zeb'a haschschamajim*) und der Gottestitel „JHWH Zebaot (der Heere)" lassen die Sterne wie kriegerische Truppen (Jes 40,26; Jer 33,22) und Helden (Ps 103,20f) erscheinen, die von Gott befehligt werden und ihm als seine engsten Begleiter von Beginn der Schöpfung an begeistert zujubeln (Ijob 38,7; vgl. Ps 148,3).

Neumond und Mondkult

Auch die Mondphasen sind in einer auf Feld- und Viehwirtschaft basierenden Kultur primär für diese von Bedeutung. Dtn 33,14 hat in Gestalt eines möglicherweise alten Stammessegens die Erinnerung daran bewahrt, dass die Monde (fruchtbare) Erträge bringen. Das mag sich auf die verschiedenen Ernten im Jahreskreis beziehen, kann aber auch ein versteckter Hinweis auf die Fruchtbarkeit wirkenden Kräfte des Mondes sein. Im Josefssegen (Gen 49,25f) steht an der Stelle der Segenskräfte der Gestirne noch die Segensfülle aus Brüsten und Mutterschoß. In den Tagen um den Vollmond herum ging man der Helligkeit wegen gern auf Reisen (Spr 7,20), doch wird der Vollmond in den biblischen Texten recht selten explizit erwähnt. Neumondfeiern werden hingegen schon für die vorexilische Zeit erwähnt. Sie wurden sowohl in der Familie (1 Sam 20) als auch öf-

3. Die Basaltstele aus dem Torbezirk von Betsaida, nördlich des See Gennesaret, zeigt einen stierköpfigen, stark schematisierten Gott mit einem Dolch an der Hüfte. Die Stierhörner wurden oft mit der im Orient immer liegenden Mondsichel assoziiert. Die kleine *bamah* (Podest) im Torbereich wurde für das Darbringen von Opfern genutzt. 9./8. Jh. vC.

4. Die Keilschrifttafel aus Geser dokumentiert den Verkauf eines Feldes durch einen Judäer namens Netanjahu. In einer Kolumne ist dreimal derselbe Siegelabdruck angebracht worden, das leicht stilisierte Sichelmondemblem des Sin von Haran auf einem Podest zusammen mit einem kleinen Stern. 8./7. Jh. vC.

fentlich begangen (Hos 2,13; Jes 1,13f). Am Feiertag des Neumonds herrschte Arbeitsruhe (Am 8,5). Hos 5,7 scheint die nordsyrische Tradition eines kämpferischen Neumonds zu kennen. Die Stelle ist korrekt ohne jeden Eingriff in den Text zu übersetzen: „*Jetzt wird sie der Neumond vertilgen samt ihren Feldern.*" Der Neumond, den sie so enthusiastisch verehrt haben (Hos 2,13), wird ihnen zum Feind (vgl. 7,2). Dass das Licht des Mondes wie der Sonne unter Umständen schädlich und gefährlich sein kann, weiß auch Ps 121,6.

Mondverehrung dürfte es in Israel/Palästina schon früh gegeben haben, worauf auch alte Ortsnamen wie Jericho oder Bet Jerach (Mond = *jareach*) schließen lassen. Obwohl die joschijanische Reform (2 Kön 23,5) 622 vC angeblich allen Gestirnskulten, die unter Joschijas Vorgänger Manasse eine Blütezeit erlebt hatten, den Garaus machte, lässt sich gerade die Mondverehrung bis in die nachexilische Zeit bestens nachweisen.

Einen bewaffneten, kriegerisch wirkenden Mondgott mit Stierkopf (und Mondhörnern) dürfte die aramäische Basaltstele im Tor von Betsaida (et-Tell) aus dem 8. Jh. vC repräsentieren (Abb. 3). Das Tor war gleichermaßen ein wichtiger Ort im Verteidigungssystem einer Stadt wie auch der Ort der Rechtsprechung. Der Kult des Mondgottes Sin von Haran war in Juda, zunächst wahrscheinlich über assyrisch-aramäische Beamte, populär geworden, denn für die Assyrer wurde dieser Gott zum Patron der Westexpansion ihres Reiches. Der Mondgott konnte anthropomorph thronend, manchmal in einem Mondboot, dargestellt werden, öfter aber wurde er durch eine auf einem Treppenpodest stehende Standarte mit einer liegenden Mondsichel und zwei Troddeln repräsentiert. Auf Stelen im nordsyrischen Raum garantiert dieses Symbol die Einhaltung von Grenzen und vertraglichen Vereinbarungen. Eine kleine Feldverkaufsurkunde aus Geser (650 vC) mit Siegelabdrücken der Mondstandarte zeigt, dass der Mondgott auch im privaten Bereich als Rechtsgarant angerufen wurde (Abb. 4).

Ein indirektes und einmaliges Zeugnis für den Einfluss des Mondkults auf

5. Der Mondgott kann in menschlicher Gestalt dargestellt werden (a), hier in einem Mondboot thronend, mit einem Opferständer vor und einem Leuchter hinter sich. Am Nachthimmel prangen Mondsichel und Stern. Skaraboid des 8./7. Jh. vC aus Palästina. Häufiger wird der Mondgott jedoch durch die Mondstandarte auf dem Podest repräsentiert (b), die hier durch zwei stilisierte Bäume flankiert ist. Skaraboid aus Tawilan in Jordanien.

die judäische Religion des 7./6. Jh. vC stellt die zentrale Vision im Visionenzyklus des Propheten Sacharja dar (Sach 4,1-6.10f.13f). In ihr sieht der Prophet anstelle des traditionell thronenden, anthropomorphen Gottes einen Leuchter zwischen zwei Bäumen (Abb. 5a und 5b). Dieser Leuchter symbolisiert den Gott Israels in seiner lunaren Erscheinung, wie Othmar Keel überzeugend nachweisen konnte. Die Bäume sind entweder Horizontbäume, zwischen denen der Mond aufgeht, oder sie verweisen auf die Bedeutung, die man dem Mond für das Gedeihen der Pflanzen zuschrieb. Die sieben Lampen (4,2) und sieben Augen JHWHs (4,10) könnten auf die Plejaden anspielen.

In einem späteren Teil des Jesajabuchs (Jes 66,23) ist die Anbetung JHWHs an Neumonden und Sabbattagen ein Bild für die ersehnte Heilszeit. Im nachexilischen Psalm 81,4 wird dazu aufgefordert, am Neumondtag ins Horn (*schofar*) zu stoßen, und der Vollmondtag wird als „unser Fest(tag)" bezeichnet. Dieser Auffassung wird Nachdruck verliehen mit nicht weniger als drei Ausdrücken (*choq, mischpat* und *ᶜedut*), die den verpflichtenden Charakter dieser Praxis seit der Zeit des Exodus hervorheben. Das Neumondfest wird nun aber in den alten Aufzählungen von Festen gar nicht erwähnt. Nicht einmal die Priesterschrift spricht in ihrer systematischen Darstellung jüdischer Feste in Lev 23 von diesem Fest. Der älteste Beleg in einem gesetzlichen Zusammenhang findet sich im Buch Ezechiel (46,1.6f; vgl. 45,17). Die einzige andere Erwähnung ist eine späte Hinzufügung zur Priesterschrift in Num 28,11-14. Hier ist das Fest mit den gleichen substanziellen Opfern ausgestattet wie beispielsweise das Fest der ungesäuerten Brote: zwei junge Stiere, ein Widder, sieben junge Widder, ein Ziegenbock. Wahrscheinlich haben die Gesetzgeber, da sie der alteingesessenen Tradition der Neumondfeste keinen Riegel vorschieben konnten, mit einer späten Legalisierung einer Einbindung in die JHWH-Religion stattgegeben.

Im Gegensatz zu praktisch allen wichtigen jüdischen Festen wurde beim Neumondfest später nie der Versuch gemacht es zu historisieren. Es war und blieb ein reines Schöpfungsfest. Bis heute wird im traditionellen Judentum der Neumond (*rosch chodesch*) als Zeichen göttlicher Gegenwart gesegnet. ∎

Lesetipps

• Matthias Albani, „**Der das Siebengestirn und den Orion macht" (Am 5,8). Zur Bedeutung der Plejaden in der israelitischen Religionsgeschichte,** in: B. Janowski/ M. Köckert (Hg.), Religionsgeschichte Israels. Formale und materiale Aspekte (VWGTh 15), Gütersloh 1999, 139–207.

• Matthias Albani, „**Kannst du die Sternbilder hervortreten lassen zur rechten Zeit ...?"** (Hi 38,32). Gott und Gestirne im Alten Testament und im Alten Orient, in: B. Janowski/B. Ego (Hg.), Das biblische Weltbild und seine altorientalischen Kontexte, Tübingen 2001, 181–226.

Prof. Dr. Silvia Schroer ist Professorin für Altes Testament und Biblische Umwelt an der Universität Bern, u. a. mit Schwerpunkt altorientalische Bildsymbolik. In Kürze erscheint von ihr (zusammen mit Thomas Staubli): „Menschenbilder der Bibel. Ein illustriertes Kompendium."

Bibel und Alter Orient

Der Planet Venus und die Verehrung der Himmelskönigin

Der hellste Himmelskörper neben dem Mond ist morgens da, bevor es hell wird, und abends leuchtet er als Erster: der Morgen- und Abendstern, der von der Sonne angestrahlte Planet Venus. Erst die Griechen entdeckten die Identität von Hesperos und Phosphoros, Abend- und Morgenstern. Die Venus leitete alle Reisenden, war ein überlebenswichtiger Orientierungspunkt am Himmelszelt. Kein Wunder, dass sie als Göttin verehrt wurde – die Himmelsherrin.

Als Himmelsherrinnen werden seit der Antike verschiedene Göttinnen verehrt, so Nut, Qedeschet, Isis, Anat, Astarte, Tanit, Aphrodite, Junit oder arabische Göttinnen wie al-Uzza. Schon um 2000 vC wird die sumerische Inanna als Verkörperung des Abendsterns besungen. Die Venus begleitete als achtstrahliger Stern dann über Jahrhunderte die babylonisch-assyrische Ischtar. Deren kriegerische Züge verschmolzen in neuassyrischer Zeit stark mit uranisch-astralen Aspekten, sie wurde als „Königin des Himmels und der Sterne" gepriesen (Abb. 1). Die Himmelskönigin (*malkat haschschamajim*), gegen die Jeremia polemisiert, scheint eine Göttin dieses Profils gewesen zu sein:

„Da antworteten alle Männer, die wussten, dass ihre Frauen anderen Göttern opferten, und alle Frauen, die dabeistanden, ... dem Jeremia: Was das Wort betrifft, das du im Namen des Herrn zu uns gesprochen hast, so hören wir nicht auf dich. Vielmehr werden wir alles, was wir gelobt haben, gewissenhaft ausführen: Wir werden der Himmelskönigin Rauchopfer und Trankopfer darbringen, wie wir, unsere Väter, unsere Könige und unsere Großen in den Städten Judas und in den Straßen Jerusalems es getan haben. Damals hatten wir Brot genug; es ging uns gut und wir litten keine Not. Seit wir aber aufgehört haben, der Himmelskönigin Rauchopfer und Trankopfer darzubringen, fehlt es uns an allem und wir kommen durch Schwert und Hunger um. Die Frauen aber sagten: Geschieht es etwa ohne Wissen und Willen unserer Männer, dass wir der Himmelskönigin Rauchopfer und Trankopfer darbringen, dass wir für sie Opferkuchen bereiten, die ihr Bild wiedergeben, und Trankopfer spenden?"* (Jer 44,15-19).

Vielleicht wurde sie in neubabylonischer Zeit als Erscheinungsweise der einheimischen Göttin Aschera verehrt. Obwohl es schwierig ist, dem polemischen Prophetentext die wahren Sachverhalte zu entnehmen, ist doch aufschlussreich, dass Jeremia die Verantwortung für diesen Kult nicht den Frauen zugeschoben haben will. Er lässt sie sagen, dass sie mit dem Einverständnis ihrer Männer handelten, wenn sie für die Himmelskönigin räucherten, Trankopfer spendeten oder Aschenkuchen backten (Abb. 2). Diesen Kult hätten seit je auch Könige und Beamte praktiziert. Brot und Wohlergehen habe die Göttin den Menschen im Gegenzug gewährt, doch seit die Opfer für sie unterbunden worden seien, herrschten Mangel, Hunger und Krieg. Jeremia aber sieht umgekehrt gerade in der Verehrung der Göttin den Grund für die Katastrophe des Exils und JHWHs Abwendung von seinem Volk.

Der Kult der Himmelskönigin hielt sich, wie manche Kirchenväter beklagen, in Syrien und anderen Ländern bis weit in die christliche Ära. Die Kirche reagierte, indem sie Aspekte dieser Göttin in den Marienkult transferierte. Dabei kam ihr auch Offb 12 gelegen. Die Himmelsfrau, von der in diesem Kapitel die Rede ist, ist allerdings nicht Maria, sondern eine kosmische Gestalt:

„*Und es erschien ein großes Zeichen am Himmel, eine Frau, mit der Sonne bekleidet; der Mond war unter ihren Füßen und ein Kranz von zwölf Sternen auf ihrem Haupt*" (12,1). Die Himmelsfrau soll ein messianisches Kind gebären, doch Frau und Kind werden durch den Chaosdrachen bedroht, der ihnen zwar nichts anhaben kann, aber einen kosmischen Krieg gegen die Nachkommen der Frau entfesselt, die für Israel und die frühchristlichen Gemeinden zugleich steht (12 Sterne/Tierkreiszeichen = 12 Stämme Israels). Das einprägsame Bild wurde spätestens seit dem 5. Jh. auf Maria, die Mutter Jesu, übertragen. Wenn Maria als Himmelskönigin oder *stella maris* verehrt wird, treten ihre kosmisch-uranischen Aspekte in den Vordergrund, womit sie gleichzeitig in die Ferne rückt und zu einer allgegenwärtigen, alles Menschliche begleitenden Gestalt wird. Ihre Rolle als *regina coeli* erlangt sie in der späteren theologischen Reflexion erst durch Christus, der sie inthronisiert und erhöht. Darstellungen der Maria als Himmelskönigin (Abb. 3) aber kommen oft ganz ohne jeden Hinweis auf ihre Mutterschaft oder den göttlichen Sohn aus. ■ *(Silvia Schroer)*

Lesetipp: Othmar Keel, **Gott weiblich. Eine verborgene Seite des biblischen Gottes**, Gütersloh 2010

1. Verehrer vor einer Himmels- und Sternengöttin neben einem Räucheraltar, wahrscheinlich der Ischtar. Hinter dem Verehrer ist der Spaten (*marru*) des Marduk zu sehen sowie der achtstrahlige Stern, über dem Altar steht das Siebengestirn. Rollsiegel aus Sichem, 8./7. Jh. vC.

2. Die Verehrung der Himmelskönigin ist nach Jer 7,17f Familiensache, bei der Kinder und Eltern sich engagieren: *„Die Kinder sammeln Holz, die Väter zünden das Feuer an, und die Frauen kneten den Teig, um Opferkuchen für die Himmelskönigin zu backen."* Das neuassyrische Marmorsiegel stellt wahrscheinlich eine elamitische Familie mit zwei Kindern dar, die verehrend vor die Göttin Ischtar treten. Rollsiegel, 7. Jh. vC, Sammlungen BIBEL+ORIENT, Freiburg CH

3. Mit einem Sternenkranz wurde Maria während des Barocks gern als Himmelskönigin dargestellt. Nicht ihre Mutterschaft steht hier im Vordergrund, sondern ihr Kampf gegen die satanische Schlange. Giovanni Lazzoni, 1687.

Das astronomische Symbol des Planeten Venus ist gleichzeitig das Symbol für weibliches Geschlecht. Es soll den Handspiegel der Liebesgöttin Venus zeigen. Als gebräuchliche Gender-Symbole sind Venus, Mars und Merkur auch heute selbstverständlicher Teil der öffentlichen Kommunikation.

„Das Staunen ist die Brücke zwischen Glaube und Naturwissenschaft"

Ein Gespräch mit dem Benediktinermönch und Astronom Pater Christoph Gerhard über Schöpfungstheologie und Astronomie, die Theorien zum Stern von Betlehem und die Faszination des Sterneschauens.

Pater Christoph Gerhard

ist Cellerar der Benediktinerabtei Münsterschwarzach nahe Würzburg (Prior von 2004–2012) und betreibt eine kleine Sternwarte auf dem Klostergelände. Er hat zunächst Elektrotechnik studiert, danach Theologie und ist dafür zuständig, die Energieversorgung des Klosters aus regenerativen Energien sicherzustellen. Die Umstellung auf eine regenerative Energieerzeugung begann im Jahr 2000.

Orionnebel, M42/43, 1350 Lichtjahre entfernt, aufgenommen mit einem Linsenteleskop in Münsterschwarzach am 4.3.2011.

Welt und Umwelt der Bibel: Was beobachten Sie derzeit durch Ihr Teleskop?
Pater Christoph Gerhard: Gerade in der vergangenen Woche war der Planet Merkur zu sehen – er ist sehr schwierig zu beobachten, weil er immer sehr sonnennah steht. Der Merkur hatte eine günstige Stellung, dabei wird er relativ hell und damit ergibt sich die Chance, Oberflächendetails zu erkennen. Allerdings muss der Himmel wolkenlos sein; günstig ist es am frühen Morgen. Zwei Wochen habe ich auf der Lauer gelegen, wovon ich an nur drei Tagen etwas beobachten konnte. Und ich muss die Zeit in meinem Büroalltag unterbringen.

Sie schauen in Millionen Lichtjahre Weltallgeschichte. Macht Ihnen der Blick ins All auch mal Angst? Ist die Weite überhaupt zu ertragen?

Ich habe vor wenigen Tagen mit einem Gast den Merkur beobachtet. Er fragte, wie weit der entfernt sei – mehr als 150 Millionen Kilometer! Als wir noch einen anderen Stern beobachtet haben, der 5000 Lichtjahre entfernt ist, waren das für ihn Wahnsinnsgrößen, die ihn sprachlos machten. Für mich ist das fast vertraut. Wenn ich aber einen Quasar beobachte, der dreieinhalb Milliarden Lichtjahre entfernt ist, wird auch mir die Weite unmittelbar gewahr – dann fragt man sich schon: Was bin ich als kleiner Mensch?

Astrophysikalisch sind wir winzigste Staubkörner oder Molekülverbindungen. Sie haben einmal in einem Interview gesagt: „Ich bin nur Sternenstaub." Wie lebt es sich im Bewusstsein, Sternenstaub zu sein?

Das ist das Spannende an uns Menschen! Ich bin einerseits Teil dieses Kosmos. Etwa 60 % unserer Wasserstoffatome stammen vom Uranfang, der Rest ging durch Sterne hindurch – deshalb Sternenstaub, oder eher Sternenasche. In uns sind Atome, die Millionen von Grad heiß gewesen sind, die sich dann vor vier Milliarden Jahre zu einem Nebel mit der Sonne verdichtet haben und die jetzt die Basis bilden für mein biologisch-physikalisches Leben bis hin zu meinem Denken. Aber ich bin nicht nur das, nicht nur der physikalische Körper. Ich bin auch ein denkender Geist, der wahrnimmt, der sucht, der Fragen hat. Und merkt: Einerseits bin ich aus diesem Kosmos genommen, andererseits bin ich mehr. Ich bin überzeugt, dass wir mehr sind als Vagabunden am Rande eines kalten Universums und mehr als nur dieser Kosmos, der sich selber gewahr wird. Wir sind wirklich geschaffen aus Gott heraus, geschaffen aus Liebe und gewollt.

In vielen Psalmen wird die Herrlichkeit Gottes auch mit dem Blick in den Nachthimmel beschrieben. Wir begegnen einem begeisterten und auch fassungslosen Staunen des biblischen Beters im Alten Orient. Sie schauen heute mit starken Teleskopen ins All, kennen Weiße Zwerge und wissen um die Lichtgeschwindigkeit. Ist ihr Staunen noch vergleichbar mit dem biblischen Staunen der Psalmbeter?

Das Staunen bleibt gleich. Das Staunen macht auch heute genauso erschaudern, wie es in Psalm 8 heißt: „Was ist der Mensch, dass Du seiner gedenkst?" Das Staunen ist die Brücke zwischen Glaube und Naturwissenschaft: Ich staune und erschaudere, wie groß diese Schöpfung ist – wie groß muss der Schöpfer sein? Man schätzt, dass der Kosmos 40 bis 50 Milliarden Lichtjahre groß ist, auch wenn man nur 13,5 Milliarden Lichtjahre überblicken kann. Was sagt das eigentlich über Gott aus? Wie groß ist dann dieser Gott?

In fundamentalistischen christlichen Foren wird ein beispielhaftes Bekehrungsszenario so dargestellt: Ein Astronom oder Astrophysiker – Skeptiker und Atheist – kommt zum Glauben, weil er mit seinem naturwissenschaftlichen Wissen Gott als bewiesen erkennt: Mit dem Urknall als Grenze der Rückfrage sei die Genesis – „Am Anfang schuf Gott Himmel und Erde" – bewiesen. Taugt die Astronomie dazu, sie zum Beweis der Bibel oder Gottes heranzuziehen?

Ganz klar taugt für mich die Naturwissenschaft nicht zum Beweis Gottes. Naturwissenschaft handelt davon, wie die Welt funktioniert, wie ich aus der Vergangenheit eines Systems eine Zukunft vorherberechnen kann. Und da gibt es, das wissen alle Naturwissenschaftler, klare Grenzen. Weil jedes bestehende System chaotisch ist, kann ich es nicht Ewigkeiten voraussagen. Die Wettervorhersage ist das beste Beispiel.

Naturwissenschaft, Astronomie kann Gott nicht beweisen. Gott ist eine andere Kategorie. Ein Gott, der beweisbar ist, ist ein Götze. Da ist für mich die Benediktregel ganz wichtig. Benedikt schreibt, bei der Prüfung eines Novizen sei es zentral, ob er wahrhaft Gott sucht. Nicht, ob er Gott hat. Naturwissenschaft kann etwas darüber aussagen, wie die Welt geworden ist, über die Entstehungsgeschichte des Kosmos; und das kann mir etwas über Gott erzählen, über seine Größe, über seinen Einfallsreichtum, über die Freiheitsgrade, die er mir als Mensch lässt, über das Phänomen der Freiheit und der Liebe, das er in diese Schöpfung legt und wo ich dem liebenden Gott eine liebende Antwort geben kann. Damit ist dieser Gott viel größer, als wenn er bewiesen ist.

Ist es naturwissenschaftlich vernünftig, so zu denken?

Die Vernunft ist entscheidend wichtig, wenn ich mit einem glaubenden Blick auf die Astronomie schaue. Die Naturwissenschaften sind in einem hohen Maße vernünftig und gelten überall im Kosmos gleich. Wenn diese Schöpfung mir etwas von Gott erzählt, dann erzählt sie mir auch etwas von der Vernünftigkeit Gottes. Mich hat, als ich 17 Jahre als war, eines meiner ersten größeren Computerprogramme total fasziniert und verblüfft: Mit dem Programm konnte man die Planetenstellungen berechnen. Ich berechnete, dass Jupiter genau da und da stehen muss – und er stand da! Es war absolut unglaublich, dass sich dieser Gasplanet da oben im Weltall von mir berechnen ließ. Das sagt etwas über die Vernunft Gottes aus.

Gott als Schöpfer des Weltalls – ist er das bis zum letzten der 100 Milliarden Milchstraßensterne, der geschätzten 100 Milliarden Galaxien? Schöpfer auch von Wesen auf anderen Planeten in anderen Sternensystemen?

Dass außerirdische Zivilisationen existieren, steht von der Astronomie oder Astrobiologie her außer Zweifel, wenn sie auch noch nicht bewiesen sind. Unser Kosmos ist wie auf Leben hingeordnet. Sobald die Bedingungen irgendwie günstig sind, gibt es Kohlenwasserstoffe, und wenn es nicht zu heiß oder kalt ist, dann verbinden sie sich zu längeren Molekülen.

Zu meinen, dass es bei der Größe des Weltalls nur hier auf der Erde Leben geben darf, wäre eine Riesenverschwendung. Mir hilft ein Wort von Bonaventura, der schon im 13. Jh. gesagt hat: Gott hat die Möglichkeit, überall Leben zu schaffen, wo er will. Die Kirche hat das übernommen. Dass es nur hier auf der Erde Leben gibt und sonst nirgends, ist mit unserem Glauben nicht vereinbar. Ich bin auch überzeugt davon: Wenn es irgendwo intelligentes Leben gibt, wird auch dort die Frage nach Gott auftreten. Das Leben wird sich selber bewusst und stellt die gleichen Fragen, die wir Menschen uns auch stellen. In der Freiheit nach Gott zu suchen – darin wären wir Brüder und Schwestern im Glauben. Die Naturwissenschaft kommt aber hier an ihre Grenzen: Wegen der Entfernungen können wir sehr wahrscheinlich nicht mit außerirdischen Zivilisationen in Kontakt treten.

Welche Frage wird bei Ihren Vorträgen besonders oft gestellt?

Oft wird die Frage gestellt, was das mit meinem praktischen Leben als Christ zu tun hat. Für mich ist Jesus Christus als „Scharnier" wichtig: Dieses Mensch gewordene Wort Gottes ist für mich das Ja Gottes zu dieser Schöpfung. Er macht mir glaubhaft, dass diese Schöpfung wieder bei Gott ankommen kann, weil Gott sich selber in die Schöpfung hineinbegeben hat und seine Vollendung ist. Praktisch bedeutet das für mich, dass ich dieser Liebesspur folge, biblisch gesagt, Gott zu lieben und den Nächsten wie sich selbst.

Was ist angesichts dessen für Sie eine angemessene Haltung des Menschen? Demut? Freude?

Freude auf jeden Fall. Demut auch, sie ist für mich als Benediktiner wichtig. Demut hat mit *humilitas* zu tun, mit Erde, dieser Erde zu trauen, von der ich genommen bin. Hochmut ist das Gegenteil, Kleinmut die Perversion der Demut. Mich nicht größer machen – ich bin Staub und werde zu Staub – und andererseits mich als Geschöpf zur Größe und zur Aufgabe berufen verstehen. Es ist meine Würde, die Würde jedes Geschöpfes anzuerkennen. Dieser Schöpfung habe ich zu dienen, das heißt, die Schöpfung zu bewahren.

Das spiegelt sich ja auch in Ihrem Auftrag als Prior, die CO^2-neutrale Energieversorgung des Klosters Münsterschwarzach sicherzustellen. Doch nun ein Themenwechsel: Welche astronomischen Theorien gibt es zum Stern von Betlehem?

Astronomische Theorien gibt es genug dazu. Es gibt auch einige astronomische Angebote. Wir haben demnächst auch wieder eine Konjunktion von Jupiter und Venus, bei der die beiden Planeten sehr früh in der Morgendämmerung zusammenstehen wie ein Stern und besonders hell leuchten. Eine solche Konjunktion wird als Möglichkeit erwogen. Oder auch eine Konjunktion von Jupiter mit dem Königsstern Regulus. Johannes Kepler hat Anfang des 17. Jh. eine dreifache Konjunktion von Jupiter und Saturn beobachtet, bei der der Planet Mars hinzugekommen ist. In deren Nähe am Himmel konnte dann zufällig eine Supernova von ihm beobachtet werden. Eine ganz ähnliche Stellung hat er für das Jahr 7 bis 6 vC berechnet. Also, dreifache Konjunktion von Saturn und Jupiter, dazu auch noch Mars im Vorübergehen – dann muss es die Erscheinung einer Supernova gegeben haben, die als der Stern von Betlehem sichtbar war. Von einer Supernova aus dieser Zeit wissen wir allerdings nichts. Ein Komet ist auch noch im Gespräch, jedoch gibt es keine Überlieferungen dazu. Astronomisch können wir zum Stern von Betlehem gar nichts sagen.

Wann immer in vergangenen Ausgaben unseres Magazins Autoren oder Autorinnen geäußert haben, dass der Stern aus dem Matthäusevangelium auf einer theologischen Ebene als wahr zu verstehen ist, haben wir Briefe erhalten, in denen Theorien das Himmelsphänomen über Judäa so beweisen sollen, wie es beschrieben wird – nur ein naturwissenschaftlicher Nachweis belege die Messianität des Jesuskindes. Was würden Sie antworten?

Diese Theorien können wir nicht beweisen. Exegetisch ist es jedenfalls auffällig, dass Matthäus Sterndeuter in seine Kindheitsgeschichte einbaut. Obwohl sich etwa Lukas in der Apostelgeschichte bei der Steinigung des Stefanus kritisch über Völker äußert, die Sternenkulte betreiben. Da treten also Astrologen auf, die hier nicht zu erwarten sind. Das mag ein Hinweis sein, dass vielleicht tatsächlich irgendein Himmelsphänomen in der Region in dieser Zeit aufgetreten ist, das breitere Aufmerksamkeit erregt hat. Kein Beweis! Ich kann auch nicht sagen, da hat es nichts gegeben. Tatsächlich gibt es Datensammlungen in Keilschrift, die dreifache Konjunktionen von Jupiter und Saturn erwähnen, aber es gibt keinerlei Beweis dafür, dass sich Mesopotamier aufgemacht hätten, um in Judäa etwas zu beobachten. So schaue ich mit dem Blick des Glaubens auf den Stern. Wenn Matthäus etwas von den Chaldäern erzählt, die das göttliche Kind finden und Geschenke bringen, dann kann das etwas für meinen Glauben sagen. Er wird von Heiden als König bezeichnet, sie gefährden ihr Leben, um ihn zu sehen, und sie halten Ausschau, wo ihr Leitstern ist. Wo finde ich das Licht in meinem Leben? Die Könige haben den Stern zwischenzeitlich nicht mehr gesehen. Bleibe ich dabei, Ausschau zu halten?

Jesus selbst wird im Neuen Testament, etwa in Offenbarung 22, als Morgenstern bezeichnet. Was wollten die frühen Christen damit wohl ausdrücken?

Der Morgenstern ist ein Bild dafür, dass der Tag anbricht. Der Morgenstern soll in euren Herzen aufgehen, heißt es im zweiten Petrusbrief. In mir soll er aufgehen und mich verwandeln in einen Menschen des Lichts. Manchmal ist auch die Sonne als Morgenstern gemeint, wie im Exsultet in der Osternacht. Wenn ich einen Sonnenaufgang nach einer durchbeobachteten Nacht erlebe, hat das eine ganz eigene Wirkung auf mich. Da habe ich das Gefühl, ja, der Morgenstern geht auf in meinem Herzen, er wärmt alles, macht alles Licht, belebt wieder. Es ist eine tiefe Erfahrung, sich in einen Sonnenaufgang hineinzumeditieren. Astronomie hat viel von geistlichem Tun. Die Astronomie als Naturwissenschaft beginnt mit absichtslosem Schauen, absichtsloser Wahrnehmung. Wenn ich vorher weiß, was ich messen will, ist die Erkenntnis schon wieder begrenzt. In der Naturwissenschaft ahnen Forscherinnen und Forscher in einer inneren Schau, was eine Beobachtung bedeuten kann. Diese naturwissenschaftliche Erkenntnis ist das, was man im geistlichen Bereich das Schauen nennt. Das ist der Brückenschlag zwischen Astronomie als harter Naturwissenschaft und dem Geistlichen: diese Schau. Die ist nur möglich, wenn ich ihr Zeit und Raum gebe. Heisenberg ist es so beim Beweis der Quantenmechanik ähnlich ergangen – durch die mathematischen Formeln hat er auf den Grund der Realität und ihrer inneren Schönheit geschaut.

Auch aufgeklärte Christen und Christinnen lassen bisweilen Geburtshoroskope erstellen. Beeinflussen uns die Planetenkonstellationen?

Ich glaube nicht daran! Hier geht es um Psychologie. Wenn ich ein solches Horoskop als Bild nehme und mich selber darin erkenne – okay. Ich meditiere lieber die Bibel als ein Horoskop. Manchmal geschehen Dinge, die in ihrer Abfolge so ungewöhnlich sind, dass sie nicht mehr als Zufall erscheinen – auch darin kann ich für mich etwas erkennen. Oder in einem guten Gespräch, in absichtslosem Zeichnen ... wenn man so eine Zugangsweise zur Astrologie nimmt, kann etwas dabei herauskommen. Die Planetenbahnen bestimmen uns nicht, das glaube ich nicht.

Verändert Ihr Blick durch das Teleskop, Ihr Wissen um die Tiefe des Weltraumes Ihre alltägliche Wahrnehmung der irdischen Dinge?

Jetzt im Sommer sehen wir den Sonnenaufgang während des Morgengebets. Das weitet mir einfach das Herz. Ich glaube, wie ich Dinge beobachte, hat etwas damit zu tun, dass ich Astronomie betreibe. Das absichtslose Schauen, die gute Gewohnheit aus der Astronomie, sich Zeit zu nehmen – das hat eine Auswirkung auf meinen Alltag. Und natürlich hat der Blick ins Weltall über die Schöpfungstheologie einen Einfluss auf meine Arbeit: Meine astronomischen Erfahrungen sind ein weiterer Grund, warum ich mich für die Schöpfung einsetze. Und dann hat es, wenn es klappt, einen Freudenbonus – es macht einfach gute Laune, wenn ich nachts beobachtet habe. Eigentlich müsste ich ja müde sein, aber ich bin voller positiver Energie, daran ist nicht Jupiter in seiner Laufbahn schuld, sondern dass ich ihn gut beobachtet habe. Oder andersherum: Wenn ich vier Wochen wegen schlechten Wetters oder Zeitmangel nicht in die Sterne gucken konnte, werde ich depressiv.

Also macht in die Sterne schauen süchtig.
Ja, es hat Suchtpotenzial (*lacht*).

Die Fragen stellte Helga Kaiser.

Lesetipps und Hinweise
- Christoph Gerhard, **Astronomie und Spiritualität. Der Stern von Betlehem**, siehe Büchertipps S. 54
- Astronomiekalender 2015 mit Deep-Sky-Aufnahmen von Pater Christoph, 30 x 42 cm, **Ein Blick in den Sternenhimmel**, Münsterschwarzach 2014.
- Christoph Gerhard/Hans-Josef Fell, **Aus der Schöpfung leben – Erneuerbare Energien nutzen**, Münsterschwarzach 2008.
- Website **www.klostersternwarte.de**
- Man kann Pater Christoph persönlich erleben: „**Der Stern von Betlehem – Astronomie und Spiritualität**" 10. November 2014, 19.30–21 Uhr im Heinrich-Pesch-Haus, Katholische Akademie Rhein-Neckar, Frankenthaler Str. 229, 67059 Ludwigshafen, Tel 0621 59990.

12 Millionen Lichtjahre entfernt, M81 und M82, aufgenommen in Münsterschwarzach, März 2011

ASTRONOMISCH, HISTORISCH, THEOLOGISCH
Der Messiasstern

Ein berühmtes Himmelsereignis in der Bibel ist der „Stern von Betlehem".
Wie verstanden die Zeitgenossen des Evangelisten das Sternenmotiv?
Von Helga Kaiser

Die Magier sehen nach der Kindheitserzählung im Matthäusevangelium in ihrer Heimat den Stern des neugeborenen Königs der Juden aufgehen. Daraufhin ziehen nach Judäa. Sie kennen die jüdischen Schriften, nach denen ein König in Betlehem geboren werden sollte. In Jerusalem sehen sie den Stern wieder. Er zieht nach Betlehem und bleibt stehen, „wo das Kind war" (Mt 2,9). Vielfach wurde versucht, zu beweisen, dass es diesen Stern wirklich gab: War er ein Komet, eine Supernova oder eine Konjunktion? Eine Konjunktion, bei der Jupiter, Saturn und zeitweise Mars manchen Studien zufolge hundertfach heller schienen als die umliegenden Sterne, wird tatsächlich in den Jahren 7./6. vC angenommen.

Doch bleiben viele Fragen: wie die helle Lichterscheinung so punktgenau zielführend sein konnte, wie ein Stern aus seiner Höhe einen kleinen Ort markieren sollte, wie er unmöglicherweise von Norden nach Süden ziehen und wie er stehen bleiben konnte. Auch dafür gab es verschiedene astronomische Erklärungsversuche. Doch wie Tobias Nicklas es formuliert, „geht eine solche Antwort völlig an der Frage vorbei, was das Motiv des aufgehenden Sterns mit der Geburt des (messianischen) Königs zu tun haben soll" (WUB 4/07, S. 28). Um den Stern von Betlehem zu verstehen, muss man zwei Hintergründe kennen, die dem jüdisch verwurzelten Evangelisten im Römischen Reich des 1. Jh. selbstverständlich waren.

1. Die erste Selbstverständlichkeit ist der Stern als jüdisches Symbol für den Messias. Schon im alttestamentlichen Orakelspruch eines Propheten namens Bileam wird ein Stern als Symbol für einen König Israels erwähnt. Bileam war Moabiter und Hofprophet des moabitischen Königs Balak. In Numeri 24,18 ist ein Spruch des Propheten überliefert, der Balak gar nicht gefiel:

„Ein Stern geht in Jakob auf, ein Zepter erhebt sich in Israel."

Dieser „Stern in Jakob" meint im Erzählzusammenhang König David, wurde aber später auf den erhofften königlichen Messias bezogen, der ein Nachkomme des legendären David sein sollte. Die Christen waren überzeugt, dass Jesus der endzeitliche Messiaskönig war. Der Stern, der die Sternkundigen zum Jesuskind führt, führt auch die Leserinnen und Leser des Evangeliums zur Erkenntnis, dass der Stern des Messias aufgegangen ist – aus dem Stamm

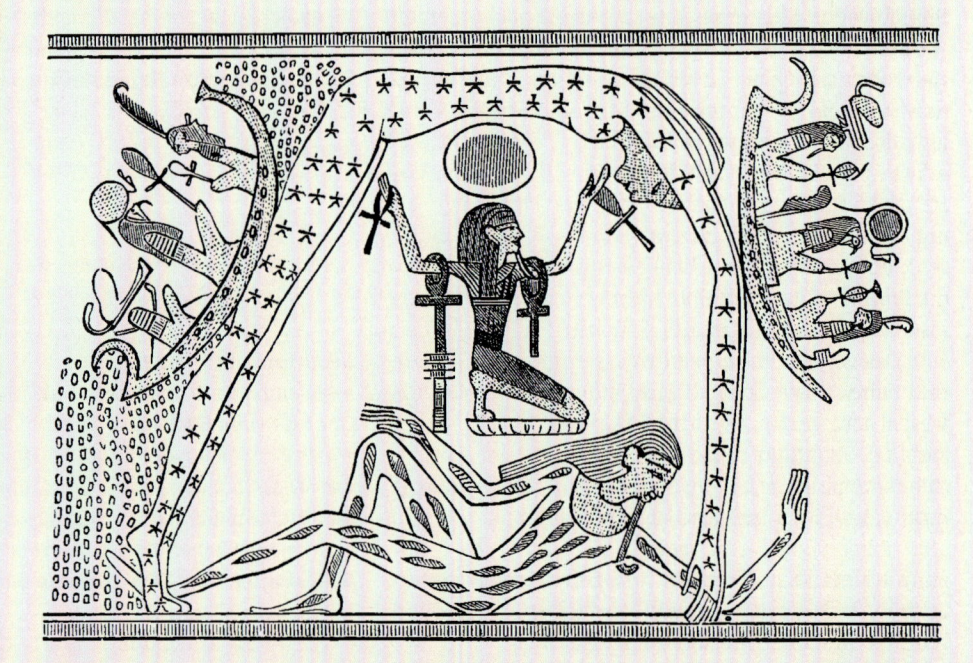

Der gebeugte Körper der Nachtgöttin Nut bildet das Himmelsgewölbe. Sie trägt die Sterne der Nacht auf dem Leib. In den mythologischen Erzählungen des Totenkults spielte sie eine wichtige Rolle: Der verstorbene Pharao würde nach seinem Tod astral wiedergeboren werden und als verklärter Stern am Nachthimmel stehen. Auch auf Sarkophaginnendeckeln wird Nut dargestellt: Sie nimmt den Toten in Empfang. Nachzeichnung eines Papyrus, 1000 vC, Ägyptisches Museum, Kairo.

Davids, wie der matthäische Stammbaum zuvor klarstellt (Mt 1).

Dass in der Antike allgemein verständlich mit „Stern" ein König gemeint war, hat wiederum eine andere Vorgeschichte. In den Hochkulturen von Ägypten und Babylon/Assur wurden Könige bereits im 3./2. Jahrtausend vC so verstanden: „Der König galt als irdischer Repräsentant der Himmelsgötter, welche ihrem Stellvertreter auf Erden durch allerlei Vorzeichen ihren Willen wissen lassen" (Matthias Albani, Stars und Sterne, WUB 4/02, S. 28). Hofastrologen „lasen" die Himmelszeichen – etwa Gefahren – für die Könige. In Ägypten war die Vorstellung lebendig, „dass die Pharaonen nach ihrem Tod als Sterne in die Himmelswelt aufsteigen und mit dem Sonnengott und den ‚unvergänglichen Sternen' am ewigen kosmischen Kreislauf teilnehmen" (Albani WUB 4/02 S. 31). Die Pyramiden zeigen architektonisch, dass der Pharao, Sohn des Sonnengottes Re, nach seinem Tod in den Himmel zu den Gestirnen aufsteigt. Wenn er das Totengericht bestanden hat, steht der Pharao verklärt am Himmel: als Stern.

So „geht ein Stern auf", wenn ein neuer Herrscher den alten ablöst. Das ist über den Umweg der altorientalischen und ägyptischen Königssymbolik und die Bileamweissagung die Botschaft des Sterns von Betlehem: Ein messianischer Friedenskönig löst alle alten und irdischen Könige ab, es ist der, von dem die Schriften sprechen – die Endzeit ist da. Und Gott lenkt den Stern als Herr der Naturgesetze, wie er will.

2. Das zweite Motiv, das den Leserinnen und Hörern des Evangeliums geläufig gewesen sein dürfte, war das Motiv „Stern steht bei Herrscher". Dieses Bild, das Matthäus geradezu mit seinen Worten zeichnet, wenn Gott den Stern über die Krippe „hinstellt", wie es in der genauen Übersetzung des Griechischen heißt, findet man in der griechisch-römischen Welt vielfach. Von Alexander d. Gr. über seine Nachfolger – die Ptolemäer und Seleudiken –, die Hasmonäer in Judäa, Herodes, Cäsar, Augustus, Tiberius und weitere römische Kaiser bis zu Bar Kochba (der „Sternensohn" und erhoffte Messiaskönig, der die jüdische Revolte gegen die Römer im Jahr 123 nC anführt) markiert der Stern in den Herrscherporträts den Anspruch auf königliche und göttlich bestätigte Macht. Die meisten römischen Kaiser waren ausgesprochen astrologiegläubig und nahmen Himmelsphänomene wie Konjunktionen gern für ihre Legitimation in Anspruch – Himmelsphänome gehörten auch zu den üblichen Geburtslegenden. (Zur Symbolik „Mensch mit Stern" vgl. Max Küchler, BiKi 4/89 S. 179–186).

Das Bild „Stern steht bei Jesus" leitet ebenfalls zur bekannten Aussage: Jesus Christus ist ein Gegenkönig zu den mächtigen römischen Kaisern mit ihren sternenreichen Selbstdarstellungen. Dieser Stern wird vom höchsten Gott über den Säugling hingestellt, Kundige aus dem Mutterland der Astrologie deuten ihn richtig. Auch in der christlichen Kunst der ersten Jahrhunderte ist dieses Bild beliebt, wie man auf Sarkophagreliefs oder Pilgerflaschen sehen kann.

Hinzu kommt die in römischer Zeit populäre Einteilung der Geschichte in Weltzeitalter. Konjunktionen oder andere außergewöhnliche Himmelsereignisse kündeten neue Äone an oder ließen rückwirkend Epochen verständlich erscheinen. So verkündet Augustus 17 vC, als ein Komet erscheint, ein neues Zeitalter, das „goldene Zeitalter". In diesem Verständnisrahmen signalisiert der „Stern von Betlehem", dass in Jesus eine neue Zeit angebrochen ist. ∎

Herrscher stellen sich mit Sternen dar:
1. Zeus mit Stern, Tetradrachme des Antiochos Epiphanes, 115 vC
2. Tigranes II. von Armenien mit Stern auf Tiara, 95–56 vC
3. Nike mit Stern und Mondsichel, Drachme des Ariobarzanes III., 52–42 vC
4. Cäsar mit Stern, Denar des Cäsar, 44 vC
5. Apoll mit Stern, Denar des L. Valerius Acisculus, 45 vC
6. Drachme des Asarkiden Orodes II., 57–38 vC
7. Helm mit Stern, Acht Prutot des Herodes, 38 vC
8. CAESAR auf Rundschild mit Stern, Denar des Augustus, 28 vC
9. Stern mit Neumondsichel, Denar des Augustus, 19 vC
10. Augustus mit Sternen, Denar des Caligula, 38 nC
11. Denar des Septimius Severus, 194 nC
12. Kaiser Constantius II. mit Stern, 337–361 nC

König Melischischu weiht unter den Gestirnen seine Tochter der Göttin Inanna, Kudurru (Urkundenstein), Ausschnitt, Susa (Iran), um 1200 vC, Höhe 83 cm, Louvre, Paris.

Der Stern steht über dem neuen König, „Anbetung der Magier" auf einem römischem Sarkophag, 4. Jh., Vatikan Museum.

Die „Magier vom Osten"

Magier und Astrologen bei der Geburt Jesu?

Das Auftreten der Magier, die einem Stern zum Jesuskind folgen, hat die frühen Christen stark beschäftigt: Denn Magier wurden zu ihrer Zeit oft auch als Scharlatane angesehen. Die Magier und der Stern verlangten nach Erklärungen. **Von Matthias Hoffmann**

Mit fliegenden Mänteln eilen die Magier zum Kind, bei dem der Stern steht – ein beliebtes Motiv im frühen Christentum. Sarkophag des Exarchen Armeno Isakion, 547, Ravenna, San Vitale.

In der Geburtserzählung Jesu im Matthäusevangelium folgen die *magoi* aus dem Osten dem berühmten Stern von Betlehem. Wer sind „Magier" im 1. Jh. nC? Waren diese Magier mesopotamische Astrologen und Sterndeuter? Was verbindet sie mit dem Messiasstern?

Die besondere Stellung der Magier ist im Matthäusevangelium auffällig. Während Magie und Magier beispielsweise von Lukas durchgehend negativ bewertet werden (vgl. etwa die negative Schilderung der Ereignisse um Simon Magus in Apg 8,4-25 und Elymas bzw. Bar Jesus in Apg 13,4-12), scheint Matthäus die Magier in einem ambivalenten, wenn nicht positiveren Licht zu beschreiben, denn immerhin erscheinen sie zur Geburt Jesu, um ihn anzubeten und ihm Geschenke darzubringen.

Es ist schwer, der Geburtsgeschichte bei Matthäus eindeutige Hinweise zu entnehmen, um wen es sich bei diesen „Magiern" handelt. Die Beschreibung, dass diese sich zu dem Geburtsort Jesu begeben, weil sie einem Stern folgen, könnte darauf verweisen, dass es sich bei ihnen um Astrologen handeln könnte. Eine Interpretation von Astrologie und Magie als naturwissenschaftliche Kunst ist im 1. Jh. nC durchaus verbreitet, wie etwa in der umfangreichen Erklärung der „Magie" bei Gaius Plinius Secundus in seinen *Historia Naturalis* (*Hist. Nat.* 30) zu sehen ist. Entsprechend könnte der Zusammenhang zwischen Magiern und deren Interesse an einem Stern eher von Matthäus als ein „berufliches" Interesse und (nach damaligem Verständnis) naturwissenschaftliche Anschauung dargestellt worden sein.

Zudem finden sich in der Beschreibung der Magier im Matthäusevangelium keine Hinweise darauf, dass sie – im Gegensatz zu den Schilderungen der Magier in der Apostelgeschichte – irgendeine Form von Zauberei auszuüben versuchten. Der Verweis darauf, dass die Magier in Mt 2 einem Stern folgen, erlaubt entsprechend eher eine Identifizierung als Sterndeuter.

Waren Magier auch in Astrologie bewandert?

Wenn man die Beschreibung der Magier bei Matthäus wirklich positiv verstehen kann, sollte man hinterfragen, warum es im Matthäusevangelium zu solch einer Darstellung kommen kann, denn in einer Vielzahl antiker Texte (und auch vielen Texten der Bibel) sind diejenigen, die Magie betreiben, sonst oft sehr negativ dargestellt. Es scheint unwahrscheinlich, dass Matthäus in diesem Abschnitt lediglich eine feste Tradition aufgenommen hat. Auch eine unabhängige Gestaltung durch den Evangelisten dürfte nicht plausibel sein. Am wahrscheinlichsten hat Matthäus in seiner Darstellung mehrere kleine Traditionen verarbeitet, die sich besonders auf einen alttestamentlich-frühjüdischen Hintergrund stützen: So könnten sich etwa die Geschenke, die Jesus von den Magiern dargebracht werden vermutlich bereits auf alttestamentliche Ideen, nämlich auf Psalm 72,10-15 (die Könige der Erde bringen Geschenke zum Zion, u. a. Gold), Jesaja 60,6 (Weihrauch und Gold werden als Geschenke gebracht und Gottes Taten werden gerühmt) und Hohelied 3,6 (Myrrhe und Weihrauch sind um die Sänfte Salomos) beziehen. Weitere Indizien für

> Eine Interpretation von Astrologie und Magie als naturwissenschaftliche Kunst ist im 1. Jh. nC durchaus verbreitet

die Annahme alttestamentlicher Traditionen im Hintergrund von Mt 2 sind die Anspielung auf den Stern, dem die Magier folgen (Mt 2,2 als Entsprechung zu Num 24,17 und der Aussage Bileams, der selbst auch aus dem Osten kommt, ein Stern werde aus Jakob aufgehen), die Nennung Betlehems als Geburtsort (Mt 2,5 als Schrifterfüllungszitat aus Micha 5,1) und vielleicht auch die Benennung der Magier selbst, die sich als mögliche alttestamentliche Vorlage auch in Septuagintatexten des Danielbuches findet (etwa in Dan 2,2.10 und in der Theodotion-Version in Dan 2,10.27; 4,7;5,11.15).

Etymologisch gehen die in Mt 2 genannten Magier (*magoi*) wahrscheinlich auf den persischen Begriff *Magusch* zurück, der die Anhänger einer wahrsagenden Priesterkaste bezeichnete, bei denen man astronomisches bzw. astrologisches Wissen vermuten kann. Diese Herleitung wird zumindest auch durch Herodot von Halikarnass (ca. 490-430 vC) in seinen *Historien* (und in Anlehnung an diese Schilderung wohl auch bei Strabon in seiner *Geographica*) angedeutet. Eine tendenziell positive Bewertung der Magier erfolgt in der *Kyropädie* des Xenophon (ca. 430-355 vC), der die Magier noch als religiöse Sachverständige ansieht, vergleichbar mit der Platon zugeschriebenen Schrift *Alkibiades* (121e). Die sonst eher abwertend gebrauchte griechische Bezeichnung findet sich auch in weiteren Texten griechischer Autoren, etwa bei Heraklit (*Fragmente* B 14), bei dem Magier die Mysterien auf unheilige Art feiern, Sophokles (*Oedipus* 387-389), bei dem der Seher Theiresias abwertend als Magier beschrieben wird, oder in der Hippokrates zugeschriebenen Schrift *De morbo sacro* (c2), in der die Magier als Betrüger beschrieben werden. Auch bei Euripides werden Magier und Magie abwertend beurteilt: In *Orestes* (1497) gelingt Helena die Flucht durch den Einsatz der Tricks von „Magiern". Selbst jüdische Autoren wie Philo von Alexandrien (1. Jh. nC; *De Specialibus legibus*) und Josephus (1. Jh. nC; *Antiquitates Iudaicae*) setzen sich mit Magie und Magiern kritisch auseinander.

Aufschlussreich ist sicherlich auch das Stück „Die Perser" des Aischylos (ca. 525-456 vC), der dort (*Persai* 317) als Magier einen gewissen „Arabos" erwähnt. Denn ein Bezug eines Magiers zu Arabien dürfte grundsätzlich die Frage aufwerfen, wieweit die griechischen Autoren über Angehörige einer persischen Priesterkaste wirklich informiert gewesen sind. Auch wenn also ein Bezug von „Magiern" zu divinatorischem Wissen mitunter hergestellt wird (beispielsweise als Traumdeuter bei Cicero, ca. 100-43 vC, in seiner Schrift *de divinatione*), so ist doch zu hinterfragen, wie zutreffend diese Darstellungen sind. Ob es also einen „Stand der Magier" im Sinne von Sterndeutern gegeben hat, ist ungewiss.

Dass es hingegen eindeutig Astronomen und natürlich Astrologen gegeben hat, und dies auch zu Lebzeiten Jesu, ist kaum zu bezweifeln. Als Belege hierfür können die umfangreichen Äußerungen Ciceros (*de divinatione*), Diodors von Sizilien (1. Jh. vC; *Bibliotheca historica*), Senecas (ca. 4 vC-65 nC; *naturales quaestiones*) oder des Manilius (frühes 1. Jh. nC; *Astronomica*) gelten.

Das Interesse des Matthäus an astrologischen Phänomenen als Begleiterscheinung einer Geburt ist ebenfalls keine singuläre Erscheinung. Der römische Schriftsteller Sueton (ca. 70-130 nC) beschreibt ihr Vorkommen auch bei den Geburten von Augustus (*Vita Divi Augusti*) und Nero (*Vita Neronis*). Auch bei der Geburt von Mithradates (vermutlich ist Mithradates VI. Eupator gemeint) soll eine Kometenerscheinung sichtbar gewesen sein, wie es Justin der Historiker (3. Jh. nC) in der Epitome der Weltgeschichte des Pompeius Trogus zitiert.

Das Problem mit dem Begriff „Magier"

Die Tatsache, dass Matthäus in seiner Geburtsgeschichte ausgerechnet die sonst negativ aufgefassten Magier auftreten ließ, spiegelt sich auch in den Übersetzungen des Textes wider. In der Einheitsübersetzung wird der Begriff der Magier umgangen durch die Wendung „Sterndeuter aus dem Osten". In der Übersetzung Luthers, der sonst eine durchaus kritische Einstellung von Zauberei und Magie hat, werden die Magier in der Übersetzung positiv als „Weise aus dem Morgenland" interpretiert, vielleicht um zu vermeiden, sie zu zählen und als Könige zu bezeichnen. Beide Übersetzungen zeigen, dass die eigentliche Beschreibung der Gestalten mit dem sonst abwertend gebrauchten Terminus „Magier" wohl umgangen werden sollte. Die durchgängig positive Evaluierung der Magier in den Übersetzungen ist vermutlich der Idee geschuldet, dass Matthäus sich hier – wie oben angeführt – alttestamentlicher Vorstellungen bedient.

> Auch bei der Geburt von König Mithradates soll eine Kometenerscheinung sichtbar gewesen sein

Eine Randbemerkung: Die Theologen der Reformation waren sich in Hinsicht auf Astrologie nicht sehr einig. Während z. B. Philipp Melanchthon an Astrologie glaubte (er übersetzte im Jahr 1553 beispielsweise das im 2. Jh. nC entstandene astrologische Werk *Tetrabiblos*), äußerte sich Martin Luther in einer seiner Tischreden, dass sein Freund Philipp Melanchthon sich gerne mit Astrologie beschäftigen möge, um in Erfahrung zu bringen, ob eine Flussüberquerung am folgenden Tag sicher sei, er selbst aber widme sich stattdessen lieber einem „starcken trunck birs".

Die Rezeption der matthäischen Geburtsgeschichte ist erwartungsgemäß sehr umfangreich. Die Bedeutung des Sterns und der Magier wurden von Beginn an als interessant empfunden. Besonders die Beziehung zwischen Christus und den Magiern wurde häufig interpretiert. Bereits bei Ignatius von Smyrna (1. Jh.) wird die Geburt Jesu zugleich als ein „Ende der Magie" gewertet (*IgnEph* 19,3). In anderen Texten wie dem *Protevangelium des Jakobus* (2. Hälfte des 2. Jh.), in dem Elemente der Geburtsgeschichten von Lukas und Matthäus vermischt werden, fällt das Interesse an einer Auseinandersetzung mit den Magiern geringer aus.

Eine eigentümlichere Deutung der Ereignisse des Geburtsberichtes erfolgt bei Justin dem Märtyrer (2. Jh.) in seiner Schrift *Dialog mit dem Juden Tryphon*: In Bezug auf Jesaja 8,4 (die Macht von Damaskus und die Beute aus Samaria sollen durch den König der Assyrer hinweggenommen werden) deutet Justin die Anbetung Jesu durch die Magier als Akt ihrer Befreiung von der bösen Macht aus Damaskus (*Dial*. 78,9). Damaskus wird als Teil Arabiens, als der Osten interpretiert.

Weitere Vorstellungen zur Bedeutung der Magier als diejenigen, die durch Christus bei seiner Geburt befreit wurden (als Interpretation von Jes 8,4), finden sich auch in den Schriften *Demonstratio evangelica* des Eusebius von Cäsarea (ca. 264/265–339/340; *Dem. ev.* VII 331a), *De fide* des Epiphanius von Salamis (ca. 310/320-403; *De fide* 8,1-3) oder dem Kommentar zu den Psalmen von Didymus dem Blinden (ca. 310/313–398; *PsT* 29,28 oder 64,1-7). Auch in der Schrift *Adversus haereses* („Gegen die Häresien") des Irenäus von Lyon (ca. 135–202) wird das Schicksal der Magier ähnlich gedeutet (*Adv. haer.* III 16,4).

Ferner setzt sich auch Tertullian von Karthago (ca. 150–220) mit der Thematik von Magiern und Sternerscheinung bei der Geburtsgeschichte auseinander: In seiner Schrift *Adversus Marcionem* bezieht auch er sich stark auf Ps 72,10-15 und Jes 7,14 und 8,4, wodurch auch bei ihm die Magier zu königlichen Figuren aus dem Osten werden. Auch bei ihm werden die Magier quasi durch das Geburtsgeschehen befreit. Dies deutet sich seiner Meinung nach in der kniefälligen Verehrung des Jesuskindes durch die Magier und deren Ungehorsam gegenüber Herodes, der Christus töten lassen will, an (*Adv. Marc.* III 13,6-10). Dass für Tertullian durch die Geburt Jesu ein Ende der Magie und zugleich ein Ende der Astrologie gekommen ist, zeigt sich auch in seiner Schrift *De idololatria* (IX,2-6): Die Astrologie führt Tertullian auf gefallene Engel zurück. Die Magier sieht er – da sie durch die Sternerscheinung zum Geburtsort Jesu geführt werden – konsequent als Astrologen (*interpretes stellarum*) an, und die Astrologen seiner Zeit als Häretiker. Durch die Verehrung Christi durch die Magier und das Empfangen eines Traums durch göttlichen Willen sieht er das Ende von Magie und Astrologie als gekommen an (s. Quellentext). Bei Clemens von Alexandrien (ca. 150–215) wird in *Excerpta in Theodotum* hingegen nicht das grundsätzliche Ende der Astrologie angenommen, sondern sie hat weiterhin Bedeutung, allerdings nur noch für Ungläubige (*Exc. Theod.* 75,1-2). Clemens geht damit einen Kompromiss mit den Vorstellungen der paganen Welt ein, stellt aber klar, dass Christen keine astrologischen Hilfestellungen brauchen.

Auch Origenes (ca. 185–253) sieht in der Geburtsgeschichte Anzeichen für die Überlegenheit Gottes und Christi über Astrologie und Magie. In *Contra Celsum* (I 60) argumentiert er, dass nach dem Lobpreis der Engel (Lk 2,14) die Magier ihre Kraft verloren und sich deshalb

QUELLENTEXT:
Tertullian erklärt die Sterndeuterei als fortan unerlaubt (um 210 nC)

„Der Zusammenhang, worin Magie und Astrologie stehen, ist bekannt. Die Ersten, welche die Geburt Christi verkündigten und ihn beschenkten, waren Sterndeuter. Dadurch haben sie vermutlich Christo eine Verpflichtung gegen sich auferlegt. Was dann? Wird die Frömmigkeit jener Magier den [heutigen] Sterndeutern auch jetzt noch zugute kommen? Der Gegenstand der heutigen Astrologie, wohlgemerkt, ist Christus; sie beobachtet und verkündet die Sterne Christi, nicht die des Saturn, Merkur ... Diese Art Wissenschaft gehörte nur bis zum Eintritt des Evangeliums zu den erlaubten, damit nach der Geburt Christi niemand mehr die Geburt eines Menschen vom Himmel ableiten möchte." (Tertullian, *De Idololatria* IX)

Das Ende der Astrologie? Zumindest deuteten einige Kirchenväter das Auftreten der Magier bei der Geburt Jesu so: Mit Hilfe ihres astrologischen Wissens hätten sie Jesus gefunden, seien danach aber während ihres Traums, Herodes nichts von Jesus zu berichten, von der Astrologie befreit worden. Der Traum der Magier, Kapitell in der Kathedrale Saint-Lazare von Autun, 13. Jh.

auf die Suche nach der Ursache hierfür gemacht hätten. Die „Frömmigkeit" der Magier, Jesus zu verehren und ihn zu beschenken, wird dann überraschend durch einen Engel belohnt, der den Magiern aufträgt, nicht zu Herodes zurückzugehen, sondern sich auf den Heimweg zu machen. In seiner 13. Homilie zu Numeri hingegen geht die Magie auf gefallene Engel, Geister und Dämonen zurück, wodurch Magie natürlich negativ zu bewerten ist. Magier aus dem Osten sollen nach Origenes auch vom Inhalt der Weissagung Bileams gewusst haben. Als diese nun den Stern als Zeichen der Geburt des Messias erkannt hätten, seien sie auf die Suche nach Jesus gegangen (In *Num. hom.* XIII,5-7).

In späterer christlicher Tradition kommt es dann zu den heute noch bekannten Interpretationen von Mt 2: Speziell die positive Deutung der Magier als sogenannte „Heilige Drei Könige" ist in diesem Zusammenhang relevant. Die Interpretation, dass es sich bei denjenigen, die zur Geburt Christi kommen, um Könige handelt, wird vermutlich durch die Annahme einiger Kirchenväter unterstützt, die die Magier als quasi königliche Gestalten ansehen – besonders bei Tertullian, später aber auch bei Caesarius von Arles (470–542) und Isidor von Sevilla (560–636).

Auch die Anzahl *drei* ist vermutlich den Kirchenvätern geschuldet, die durch die drei Geschenke, die Christus überreicht werden (zurückgeführt auf Psalm 72,10-15 und Jesaja 60,6), auch auf eine Dreizahl der Geber schlossen.

Die „Heiligkeit" der Magier

Wie die Dreizahl und die Bezeichnung „König" nicht in Mt 2 zu finden sind, so ist auch das Attribut „heilig" im Text nirgends erwähnt. Vielleicht liegt die „Heiligkeit" der Magier in ihrer Verehrung Christi begründet, die zum Teil auch so gewertet wird, dass hier bereits bei der Geburt die ersten Heiden zu Christen werden. In späteren christlichen Legenden (gesammelt in der Legenda Aurea des Jacobus de Voragine aus dem 13. Jh., die aber in Einzelteilen wesentlich älter sein dürfte) werden dann die im Neuen Testament noch nicht genannten Namen Kaspar, Melchior und Baltasar aufgeführt. In der syrischen, armenischen und äthiopischen Tradition haben die Magier allerdings noch andere Namen, die uns bekannteren Namen begegnen uns in einigen lateinischen Texten. In den *Excerpta Latina Barbari* aus dem 6. Jh. werden wohl zuerst die Namen Kaspar, Melchior und Baltasar konkret genannt, das Aussehen der „Heiligen Drei Könige" wird dann dem angelsächsischen Kirchengeschichtsschreiber Beda Venerabilis (672/673-735) zugeschrieben (Pseudo-Beda, *Excerpta et Collectanea*). Ob der Brauch der „Sternsänger", mit Kreide C+M+B an Türen zu hinterlassen, auf die Initialen von Caspar, Melchior und Baltasar anspielt, ist fraglich. Vermutlich stehen die Buchstaben für den lateinischen Ausspruch *Christus mansionem benedicat*, also „Christus segne dieses Haus".

So zeigt sich bei der matthäischen Schilderung der Geburt Jesu (Mt 2,1-12) nicht nur, dass der Text selbst durch zahlreiche Traditionen geprägt und gestaltet wurde, sondern seinerseits wirkungsgeschichtlich zu einer weitreichenden Traditionsbildung geführt hat, da die im Text enthaltenen Bilder und theologisch problematischen Begriffe – Magier – und Phänomene – Astrologie – als erklärungsbedürftig empfunden wurden. ■

Lesetipps
• Thomas Holtmann, **Die Magier vom Osten und der Stern: Mt 2,1-12 im Kontext frühchristlicher Traditionen.** MTS 97. Marburg 2005.
• Kocku von Stuckrad, **Das Ringen um die Astrologie. Jüdische und christliche Beiträge zum antiken Zeitverständnis** (siehe Büchertipps S. 54).

Dr. Matthias Hoffmann ist wissenschaftlicher Mitarbeiter an der Evangelisch-Theologischen Fakultät der Universität München. Seine Forschungsschwerpunkte sind frühjüdische Literatur, Magie im frühen Judentum und Neuen Testament und die Johannesoffenbarung.

Die Auseinandersetzung mit der Astrologie

Die Bahnen der Sterne und Planeten hatten eine Entsprechung im Geschehen auf der Erde, so weit waren sich die Menschen der Antike einig. Doch verursachen die Sterne bestimmte Ereignisse oder zeigen sie sie nur an? Zu den Haltungen in ihrer hellenistisch-römischen Umwelt mussten das frühe Judentum und Christentum eigene, theologisch stimmige Positionen finden. **Von Kocku von Stuckrad**

Die Astrologie ist ein komplexes System zur Deutung von Zeit, das in der antiken und nachantiken europäischen Kulturgeschichte eine wichtige Rolle gespielt hat. In der Diskussion zur Astrologie wird oft übersehen, dass sich die heute so geläufige – und häufig polemisch aufgeheizte – Trennung zwischen Astrologie und Astronomie tatsächlich erst in den letzten Jahrhunderten vollzogen hat. Bis weit ins 17. Jh. hinein wurden Astrologie und Astronomie als zwei Bereiche einer einheitlichen Sternkunde betrachtet. Das kann man auch an den verwendeten Begriffen erkennen, denn wenn in diesen älteren Schriften von lat. *ars mathematica* („Die Kunst der Mathematik") oder *astronomia* gesprochen wird, meint man nicht selten das, was wir heute Astrologie nennen würden. Das heißt natürlich nicht, dass man sich der Unterschiede zwischen beiden Disziplinen nicht bewusst war; schon in der Antike war klar, dass das Verständnis der Sternenwelt einen rechnenden und einen deutenden Zugang hat. Man kann darum allgemein festhalten, dass die Astronomie als rechnender Teil der Sternkunde die Zeitquantität misst, während die Astrologie als deutender Teil sich für die Zeitqualität interessiert. Dabei wird im antiken Mesopotamien, Ägypten, Griechenland und Rom in allen astrologischen Modellen von einem holistischen Verständnis des Kosmos ausgegangen, das einen Entsprechungszusammenhang zwischen der Himmelswelt (Sternen und Planeten) und dem Geschehen auf der Erde unterstellt. Dieser Zusammenhang kann kausal gedacht werden (indem man die Sterne als verursachende Kräfte interpretiert) oder nicht-kausal (wobei die Sterne lediglich Ereignisse anzeigen, sie aber nicht auslösen).

links: Aion, Gott der Zeit und Ewigkeit, mit dem Band des Tierkreises. Am Boden sitzt die Erdgöttin Gaia mit ihren Jahreszeitkindern. Das Motiv lässt etwas vom spätantiken römischen Weltbild ahnen, zu dem die Astrologie selbstverständlich gehörte. Mosaikboden in der Villa in Sentium (Sassoferrato, Italien), 200–250 nC, Staatliche Antikensammlung und Glyptothek, München.

Ein Lehrgebäude zur Interpretation von Zeit

Es ist vor diesem Hintergrund nicht verwunderlich, dass die Astrologie als Lehrgebäude zur Interpretation von Zeit immer auch philosophische und religiöse Fragestellungen behandelte. Tatsächlich war die Deutung kosmischen Geschehens in Mesopotamien, wo die antike Astrologie ihren Ausgang nahm, immer (auch) Priesterwissen. Seit dem dritten vorchristlichen Jahrtausend waren es dort Priester, die die Bewegungen der Planeten aufzeichneten und durch Vergleiche mit früheren Ereignissen die Bedeutung dieser Erscheinungen an den König melden mussten. Im ersten vorchristlichen Jahrtausend wurde die rechnerische Bewältigung der Planetenbewegungen wesentlich verbessert, sodass man astronomische Ereignisse auch voraussagen und mit geschichtlichen Ereignissen verbinden konnte. Die babylonische Sternkunde wurde nun mit griechischer Philosophie verschmolzen, wodurch das entstand, was wir die „klassische Astrologie" der Antike nennen. In der römischen Kaiserzeit entwickelte sich diese Astrologie zum wichtigsten Instrument der Zeitdeutung, und etliche Kaiser waren selber astrologisch gebildet. Horoskope von führenden Politikern, vor allem des Kaiserhauses, wurden zu einem wichtigen Teil politischer Kultur und Propaganda. Dies begann mit Augustus (63 vC–14 nC), der am 23. September geboren war und darum nach antiker Auffassung zum Wintersolstitium des Jahres 64 „empfangen" worden war, also am Beginn der Steinbockperiode. Die Steinbockthematik zog sich durch die Öffentlichkeitsarbeit des Kaiserhauses, wurde auf Münzen geprägt usw. (s. Abb. S. 37). Diese Linie zieht sich durch bis Hadrian im 2. Jh., der selber die Astrologie ausübte und seine Politik und Bauaktivitäten auf die Sternkunde ausrichtete. Neben diesem Elitewissen florierte auch eine weniger elaborierte Astrologie, die sich in Kombination mit Medizin und religiöser Magie (Rituale, Amulette, Beschwörungsschalen usw.) einer großen Beliebtheit erfreute.

Diesen kulturellen Kontext muss man sich vergegenwärtigen, will man die Rolle der Astrologie in frühjüdischen und frühchristlichen Kreisen verstehen. Juden und Christen waren Teil eines größeren kulturellen Geschehens, in dem die Astrologie einen wichtigen Platz einnahm. Es ist deshalb nicht verwunderlich, dass astrologische Deutungsansätze auch in jüdischen und christlichen Zeugnissen immer wieder aufgegriffen wurden. Zugleich gibt es eine Reihe von Dokumenten, insbesondere bei den christlichen Apologeten der ersten Jahrhunderte, die sich kritisch mit der Astrologie auseinandersetzen (s. Quellentexte S. 33). Ab dem 3. Jh. wurde die Astrologie zunehmend durch christliche Juristen und Kaiser kriminalisiert und theologisch als Häresie eingestuft. Wie ist diese Spannung zu erklären?

Beispiel Qumran: Kalender und Heilsgeschichte

Geht man, wie in der Antike üblich, von einem Geschehenszusammenhang zwischen himmlischer und irdischer Sphäre aus, so sind Fragen der Periodisierung von Zeit immer auch religiös relevant. Die Berechnung von Kalendern und Planetenzyklen etwa ist weit mehr als eine pragmatische rechneri-

> Eine weniger elaborierte Astrologie erfreute sich in Kombination mit Medizin und religiöser Magie großer Beliebtheit

sche Tätigkeit; immer steht die Bedeutung dieser Periodisierungen für religiöse und geschichtliche Prozesse zur Diskussion. Zeiteinteilungen sind religiös aufgeladen und Teil inter- und innerreligiöser Auseinandersetzung.

Ein sehr anschauliches Beispiel hierfür sind die Schriften aus Qumran, die aus dem zweiten und ersten vorchristlichen Jahrhundert stammen. Ganz im Einklang mit anderen antiken Religionen betrachteten Juden den Kult am zentralen Heiligtum als eine direkte Spiegelung kosmischer Vorgänge. Der Kult im Jerusalemer Tempel war ein Abbild des himmlischen Kultes und zugleich ein notwendiger Beitrag der jüdischen Gemeinde an den Erhalt der kosmischen Ordnung. Nur deshalb konnte der Kalenderstreit entstehen, der zur Abspaltung der Qumrangemeinde vom Jerusalemer Tempelkult geführt hat. Die

HENOCH UND ABRAHAM ALS ASTROLOGEN

Die biblische Literatur ist sichtbarer Beweis für die große Bedeutung, die man himmlischen Zeichen und Planetenbewegungen zuschrieb, etwa den Himmelszeichen, die den Einbruch der Endzeit anzeigen sollten. Vor allem in außerkanonischer jüdischer Literatur, die vom 2. Jh. vC bis ins 3. Jh. nC entsteht, finden sich viele Spekulationen über die Deutung von Himmelserscheinungen, die gemäß einer breit geteilten antiken Auffassung den Willen und die Dynamik der Götterwelt ausdrückten. In den „Apokalypsen" („Offenbarung") und „Testamenten" dieser Zeit waren es zudem oft die Helden der biblischen Schriften – Henoch, Mose, Salomo und andere –, die in die himmlische Welt aufstiegen und die erworbenen Kenntnisse nach ihrer Rückkehr den Menschen zugänglich machten. Henoch ist dabei besonders interessant, denn nach Gen 5 wurde Henoch 365 Jahre alt (was ihn für die „Henoch-Astronomen" zum geheimen Vertreter des Sonnenjahres mit 365 Tagen werden ließ), woraufhin er nicht starb, sondern von Gott „weggenommen" wurde und „mit Gott" war, was ihn zum besten Gewährsmann für himmlisches Wissen werden ließ. Im Wettbewerb mit anderen Religionen konnte auch Abraham zum astrologischen Lehrer und Eingeweihten werden, stammte er doch aus Ur in Chaldäa, von wo aus er astrologisches Wissen nach Israel, Ägypten und Griechenland brachte. Dies wird vom jüdischen Historiker Philo von Alexandria überliefert, doch es findet sich auch häufig in außerkanonischen Schriften wie der *Apokalypse Abrahams* mit der Entrückung in den Himmel zur Einsicht von Vergangenheit und Zukunft. *(Kocku von Stuckrad)*

Astronomisches Messgerät aus Qumran, mit dem nach einer These von M. Albani und U. Gleßmer die Sonnenstände gemessen wurden: Sommer- und Wintersonnenwende sowie die Tag-und-Nacht-Gleichen im Frühling und Herbst (vgl. WUB 3/98, S. 26f). Abseits der Diskussion um die Bewohner der Qumransiedlung war die Zeitmessung für die Gemeinschaft der Schriftrollen ein religiöser Akt: Die genauen Zeitpunkte für die Festzeiten waren wichtig, um die kosmische Ordnung aufrecht zu erhalten.

Qumranastronomen warfen den Jerusalemer Priestern vor, den Kalender falsch berechnet zu haben und darum die religiösen Feste zur falschen Zeit zu feiern – ein deutliches Anzeichen für die bevorstehende Endzeit! Um diese Gefahr abzuwehren, entwickelten die Qumranpriester einen komplexen eigenen Mond-Sonne-Kalender, der auf babylonische Astronomie zurückgeführt werden kann und mit dem biblischen Namen Henochs verbunden war (s. Kasten oben). Die Verschiebungen, die sich zwischen lunaren und solaren Terminen ergaben, wurden in ausgeklügelten Systemen in bestimmten Jahrabständen ausgeglichen. Dieser 364-Tage-Kalender integrierte zudem die Periodisierung von Priesterwachen am Tempel und sollte damit die kosmische Ordnung gewährleisten. Man kann also festhalten, dass es für beide Flügel der jüdischen Priesterschicht unstrittig war, dass der richtige Kultkalender die Schöpfungsordnung abbildete und zugleich garantierte; der Streit ging darum in erster Linie um die rechnerisch korrekte Anpassung von Unregelmäßigkeiten. Für die Qumrangemeinde bestätigte der Kalenderstreit ihre theologische Auffassung, in den letzten Tagen der Weltgeschichte zu leben.

Neben dem Kalender waren es vor allem die Zyklen der Planeten, die eine Periodisierung von Zeit und letztlich eine heilsgeschichtliche Deutung von Zeit ermöglichten. Kombiniert man die Planetenbahnen und schaut auf ihre regelmäßige Überschneidung (astrologisch spricht man dann von Konjunktionen), so kann man zu noch größeren Periodisierungen kommen und ganze Zeitalter unterscheiden. In der Antike kannte man die Perioden von Venus und Merkur, doch auch die Konjunktionen von Jupiter und Saturn – der langsamsten der sichtbaren Planeten – stellten für antike Beobachter wichtige historische Zäsuren dar. Die religiöse Aufladung von Jupiter (als oberster Gott der Römer) und Saturn (als siebter Planet Repräsentant des Sabbat und damit der Juden) könnte etwa hinter der Diskussion um den „Messiasstern" stehen, der nach neutestamentlicher Überlieferung die Geburt eines „jüdischen Königs" ankündigte. Sowohl persische Astrologie (die „Weisen aus dem Morgenland" waren nichts anderes als Priesterastrologen) als auch römische Sterndeutung würde eine solche Interpretation ohne weiteres nahelegen. König Herodes war selber astrologisch gebildet und richtete seine Politik nach astrologischen Gesichtspunkten aus. Er unterstützte die „Astrologeninsel" Rhodos und das dortige Apollonheiligtum mit Schenkungen, und als in den Jahren 7 und 6 vC Jupiter und Saturn eine sogenannte „Große Konjunktion" bildeten, war sich Herodes der astrologischen Bedeutung bewusst und versuchte sich selber als Messiaskönig zu etablieren (mit Rückgriff auf Num 24,17: *„Ein Stern geht auf aus Jakob, ein Szepter erhebt sich aus Israel"*; diese Prophezeiung spielte in der gesamten jüdischen Politik jener Zeit, bis hin zum Bar-Kochba-Aufstand 132–135 nC, eine wichtige Rolle).

Theologisch-philosophische Probleme mit der Astrologie

Wie lässt sich angesichts einer solchen durchaus positiven Rezeption astrologi-

PAULUS' KRITIK AN DER TAGEWÄHLEREI UND DIE FREIHEIT VON DEN „ELEMENTARMÄCHTEN"

In vielen Belangen konnte ein astraler Hintergrund ohne große Schwierigkeiten in das frühchristliche Denken Eingang finden – etwa über die jüdische Vorliebe für Zahlenspiele, darunter besonders die Zwölf aus dem Zodiakalschema, die zusammen mit der Vier und der Sieben die Harmonie des Kosmos repräsentierte. Die kritische Haltung gegen die Astrologie tritt in den neutestamentlichen Schriften hauptsächlich in den Paulusbriefen entgegen. So ist davon auszugehen, dass der im Hellenismus bewanderte Paulus maßgeblich den Kampf der frühen Christen gegen die Sternkunde etablierte. Paulus nimmt sich besonders die astrologische Praktik der Tagewählerei vor und attestiert ihr eine Unvereinbarkeit mit dem christlichen Glauben. Im Brief an die Römer (14,5f) heißt es noch vermittelnd:

„Der eine bevorzugt bestimmte Tage, der andere macht keinen Unterschied zwischen den Tagen. Jeder soll aber von seiner Auffassung überzeugt sein. Wer einen bestimmten Tag bevorzugt, tut es zur Ehre des Herrn."

Im Brief an die Galater (4,9-11) lässt er die tolerante Sicht hinter sich und fragt:

„Wie aber könnt ihr jetzt, da ihr Gott erkannt habt, vielmehr von Gott erkannt worden seid, wieder zu den schwachen und armseligen Elementarmächten (stoicheia) zurückkehren? Warum wollt ihr von neuem ihre Sklaven werden? Warum achtet ihr so ängstlich auf Tage, Monate, bestimmte Zeiten und Jahre? Ich fürchte, ich habe mich vergeblich um euch bemüht."

Die Kritik richtet sich gegen die im römischen aber auch jüdischen Umfeld gängige Praxis, den Wochentagen Planeten als Herrscher zur Seite zu stellen und damit für bestimmte Pläne einen entsprechenden Tag auszuwählen (vgl. römischer Kalender mit Wochentagsgöttern S. 40). Die genannten Monate und Jahre gehen über die Wochentagsgötter hinaus und stellen die astrologischen Periodisierungen und die Beachtung der Sternwege insgesamt infrage.

Erst mit der Paulinischen Mission rückt ein spezifisch astrologisches Moment in den Mittelpunkt des Interesses, denn nun werden *stoicheia* zum Thema gemacht. Die Begrifflichkeit ist nicht ganz eindeutig, doch steht meist die Vorstellung von kosmischen Mächten dahinter, seien es nun die Planeten oder die Sternbilder. Gelegentlich ist die Bedeutung sogar explizit auf die astrale Ebene bezogen, sodass die allgemeine Übersetzung „Elementarmächte" nur insofern angebracht ist, als sie die astrologische Dimension jener Mächte mit einschließt. Die Mächte werden von den Planeten repräsentiert, sie werden als personale Kräfte angesprochen, wie dies schon von Platon formuliert worden war (Tim 40b). Für Paulus hat sich das Bild durch die Begegnung mit Jesus gewandelt, denn nun empfindet er sich nicht mehr als „Sklave der Elementarmächte der Welt" („So waren auch wir, solange wir unmündig waren, Sklaven der Elementarmächte dieser Welt", Gal 4,3); er warnt sogar vor jenem seinerzeit anerkannten platonischen Zug:

„Gebt acht, dass euch niemand mit seiner Philosophie und falschen Lehre verführt, die sich nur auf menschliche Überlieferung stützen und sich auf die Elementarmächte der Welt, nicht auf Christus berufen" (Kol 2,8). In Kol 2,20 führt er weiter aus, dass die irdischen Gesetze keine Gültigkeit mehr besitzen, da die Christen schon im neuen Reich lebten: Sie sind „mit Christus gestorben" und haben sich „von den Elementen der Welt losgesagt". Die Stoicheia sind somit die Urprinzipien der Welt, gleichsam das, was die „Welt im Innersten zusammenhält", eine Sicht, die im jüdischen Kontext durchaus bekannt war. Im paulinischen Denken haben die Mächte „der Welt" ihren Einfluss verloren, und die Menschen sind aufgefordert, den alten Regeln nicht länger zu folgen. Hier geht die Ablehnung der Stoicheia nahtlos in eine Ablehnung der Sternkunde über, denn die Gestirne sind lediglich ein Abbild der kosmischen Mächte. Auch für eine solche Gleichschaltung liegen antike Dokumente vor, etwa Diogenes Laertius (6,102), der die Tierkreiszeichen *ta dodeka stoicheia*, „die zwölf Elementarmächte", nennt.

(Vgl. Kocku von Stuckrad, Das Ringen um die Astrologie, 548–550)

Die Bekehrung des Paulus von Caravaggio, 1600, in der Cerasi-Kapelle, Rom. Nach der biblischen Erzählung lässt das göttliche Licht Paulus vor Damaskus erblinden, der jesusgläubige Hananias öffnet ihm die Augen erneut und tauft ihn. Seinen Briefen nach erlebt sich Paulus als befreit von den Elementarmächten, vom Einfluss der Planetengötter und Sternbilder.

scher Symbolik und Tradition in Judentum und Christentum die astrologiefeindliche Haltung erklären, die wir ebenfalls in frühchristlichen Zeugnissen finden? Die Antwort liegt in unterschiedlichen Varianten astrologischer Deutung, die jeweils unterschiedliche Beurteilungen erfahren können. Ein Streitpunkt bestand in der Frage, ob die *kultische Verehrung* von Gestirnen Teil der Astrologie war. In der Hebräischen Bibel wird dies wiederholt strikt abgewiesen. Historisch betrachtet war es allerdings keineswegs so, dass die Babylonier beispielsweise den Planeten Venus als Göttin verehrten; sie verehrten Ischtar und sahen diese Göttin repräsentiert in „ihrem" Stern Venus. Dennoch war die unterstellte Verehrung von Gestirnen ein nicht unwichtiger Aspekt interreligiöser Polemik der Zeit des frühen Christentums.

> Eine fatalistische Astrologie war mit jüdischer und christlicher Theologie nicht zu vereinbaren

Jüdische und christliche Intellektuelle (übrigens auch viele römische Philosophen) hatten zudem Probleme mit einer allzu fatalistischen Interpretation der Sternkunde. Wenn alles im Vorhinein durch das Schicksal festgelegt ist, gibt es keinen Raum mehr für menschliche Freiheit und damit auch für Sünde und Erlösung. Eine fatalistische oder deterministische Astrologie war deshalb mit jüdischer und christlicher Theologie kaum zu vereinigen. Sobald man jedoch eine nicht-fatalistische Astrologie propagierte, die die Sternenbewegung als Ausdruck göttlichen Willens betrachtete, war die Sternkunde auch christlich durchaus legitim.

Dies konnte zu intellektuellen Klimmzügen führen, wie am Beispiel des Origenes (3. Jh.) deutlich wird (s. Quellentext rechts). Einerseits gehört Origenes zu den einflussreichsten Kritikern der Astrologie, andererseits versucht er einen Kompromiss zu finden, der die Astrologie als wichtige Deutungsdisziplin bestehen lässt. Er argumentiert, dass Gott, indem er die Taten der Menschen im Voraus kenne, gerade die menschliche Willensfreiheit schütze. Die Sterne sind nicht für das Geschehen, das sie lediglich anzeigen, verantwortlich. Die Sternenbewegung stellt ein verborgenes Wissen zur Verfügung, das durch Eingeweihte und höhere Mächte entschlüsselt werden kann. In diesem Sinne betrachtet Origenes die Bewegungen der Sterne als die „Handschrift Gottes", was er am Beispiel des „Sterns von Betlehem" erläutert.

Diese Haltung setzte sich in der christlichen Debatte des 4. und 5. Jh. jedoch nicht durch. Vielmehr sehen wir eine auf Augustinus und andere zurückgehende Position, die die menschliche Neugier nach verborgenem göttlichen Wissen insgesamt häretisierte, wodurch nicht nur die Astrologie, sondern auch andere antike Wissenssysteme aus dem anerkannten Diskurs verbannt wurden.

Erlösung von der oder durch die Astrologie?

Aus dieser kritischen Haltung zur Astrologie sollte man jedoch nicht ableiten, dass christliche und jüdische Gemeinschaften in der Spätantike insgesamt die Sternkunde ablehnten. Zwar gehört es zur theologischen Überzeugung vieler früher christlicher Gruppierungen, dass Jesus seine Anhänger von der Macht des Schicksals befreit hatte. Doch dieses „Erlösungswissen" kann ganz unterschiedliche Formen annehmen, wenn es um die Astrologie geht. Kritiker der fatalistischen Astrologie (neben den christlichen Apologeten ist hier besonders auch Paulus zu nennen, s. S. 31) stellen die Erlösung von der Astrologie und damit dem Schicksalszwang in den Vordergrund; andere aber argumentieren, dass man nur durch astrologisches Wissen zur wahren Erlösung kommen kann. Viele christliche Intellektuelle, die man heute gern dem „gnostischen" Lager zuordnet (allen voran Theodotus und Bardesanes von Edessa), waren mit Grundzügen der klassischen Astrologie vertraut. Erlösung durch die Astrologie bedeutete für sie, dass man die Gesetze des Schicksals kennen muss, um sie überwinden zu können. So enthüllt Bardesanes seinen Leserinnen und Lesern die volle Bedeutung der Stundenastrologie, die von Paulus vehement abgelehnt worden war: Christus sei in der Stunde des Jupiter geboren, in der Stunde des Mars gekreuzigt und in der Stunde des Merkur begraben worden; zur Stunde des Jupiter sei er wieder auferstanden. Interessanterweise folgt Bardesanes hier einer astrologischen Tradition, die auch im talmudischen Judentum aufgegriffen wurde. Die Herrschaft der Planeten über bestimmte Stunden der Woche ist ein Beispiel für die Verflechtung astrologischer Wissensbestände über religiöse Grenzen hinweg. Die Bedeutung des syrischen und mesopotamischen Kulturraums für die Entwicklung solcher Traditionsbestände ist erheblich. Wenn man die ägyptischen und griechisch-römischen Kulturen hinzunimmt, so zeigt sich ein ungemein pluralistisches Bild, das einfache Zuschreibungen von „astrologiefeindlichen" oder „astrologiefreundlichen" Haltungen in Judentum und Christentum unhaltbar macht. ■

Lesetipps
- Kocku von Stuckrad, **Geschichte der Astrologie. Von den Anfängen bis zur Gegenwart** (siehe Büchertipps S. 54).
- ders., **Das Ringen um die Astrologie. Jüdische und christliche Beiträge zum antiken Zeitverständnis** (siehe Büchertipps).

Prof. Dr. Kocku von Stuckrad lehrt Religionswissenschaft an der Universität Groningen. Zuletzt von ihm erschienen ist *The Scientification of Religion. An Historical Study of Discursive Change, 1800–2000*, wo er die These vertritt, dass säkulare Wissenschaft des 19. und 20. Jahrhunderts selber „religiös produktiv" gewesen ist und neue Formen von Religion gestiftet hat.

QUELLENTEXTE zur Astrologie aus der Zeit des frühen Christentums

Jene Kirchenväter, die die Häresien in ihrer Umgebung erläutern, kritisieren die Astrologie auf breiter Ebene. Gemeint ist damit nicht die allgemeine antike Geisteshaltung der grundsätzlichen Entsprechung zwischen kosmischer und irdischer Sphäre. Die Astrologiekritik meint jene offenkundig im Römischen Reich und auch unter christlichen Gemeindemitgliedern stark verbreitete populäre Astrologie und Horoskopierkunst, die Zukunft und Schicksale voraussagt. Dieser „Chaldäismus" stehe der Magie nahe und diene dem unredlichen Gelderwerb: *„Der Sterndeuter stellt ein günstiges Horoskop, weil er hungrig ist"*, so Ephräm der Syrer (gest. 373). Intention der frühchristlichen Theologen ist es, den freien Willen des Menschen zu verteidigen und gleichzeitig klarzustellen, dass Gott allein um das Schicksal der Menschen weiß und dass die Sterne keine Lebensereignisse verursachen.

Der freie Wille der Sterne

Origenes (gest. 253/54) erläutert in seiner Schrift *De oratione*, dass der Schöpfung ein freier Wille innewohnen muss und dass auch die Gestirne daher freiwillig über den Himmel ziehen müssen – jedoch von Gott dazu geschaffen, dies zum Heil aller zu tun:

„Auch die Sonne hat eine Art von freiem Willen, da sie ebenfalls im Verein mit dem Monde Gott preist; denn die Schrift sagt: ‚Preiset ihn, Sonne und Mond'. Offenbar (haben) auch der Mond und folgerichtig alle Sterne (einen freien Willen); denn es heißt ja: ‚Preiset ihn, alle Gestirne und das Licht.' Wie wir nun gesagt haben, dass Gott den freien Willen eines jeden Erdenbewohners zu irgendeinem Nutzen für die irdischen Verhältnisse verwendet, … ebenso muss man (auch) annehmen, dass er durch den freien Willen der Sonne und des Mondes und der Gestirne … die Bahn und Bewegung der Gestirne angeordnet habe. Und wenn ich, wo es sich um den freien Willen eines anderen handelt, nicht vergeblich bete, so wird dies umso viel mehr der Fall sein bei dem freien Willen der am Himmel zum Heil für das Weltall den Reigen tanzenden Sterne."
(Origenes, *De oratione* VII 1)

Schwachstellen der Horoskopierkunst

Hippolyt von Rom (gest. um 235) hält Geburtshoroskope schon deshalb für unmöglich, weil weder der genaue Zeitpunkt der Empfängnis noch der Geburt exakt bestimmt werden können: *„Etwa wenn das Kind anfängt, sich an die kalte Luft vorzudrängen, oder wenn es ganz herausragt, oder wenn es zu Boden fällt? … Denn wenn nach der Redeweise der Mathematiker [der Chaldäer] der unter der Pfeilspitze des Schützen Geborene unfehlbar gewaltsamen Todes stirbt, wie kam es, dass die vielen Tausend Barbaren, die bei Marathon oder Salamis*

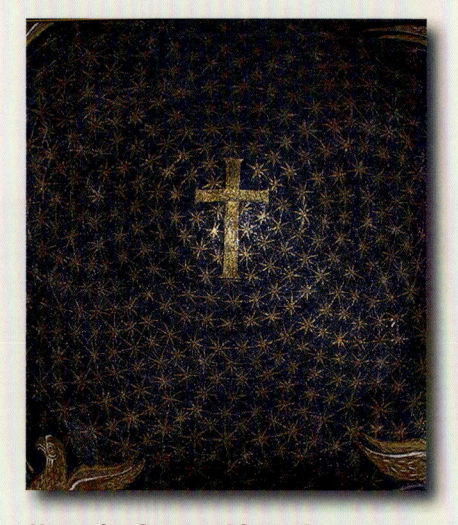

Kreuz im Sternenhimmel
Mosaik in der Kuppel des Mausoleums der Galla Placidia, um 450 nC, Ravenna.

gegen die Griechen kämpften, zu gleicher Zeit niedergemetzelt wurden? Sie hatten doch wohl nicht alle miteinander dasselbe Horoskop."
(Hippolyt von Rom, *Refutatio omnium haeresium*, Buch IV,4-5)

Augustinus (354–430) erklärt, weshalb Gott den Gestirnen keine Macht übertragen hat

„…. Denn wenn man von Fatum hört, denkt man zunächst dem üblichen Sprachgebrauch gemäß … an den Einfluss der Konstellation der Gestirne, wie sie bei der Geburt oder bei der Empfängnis gestaltet ist; und dies lassen die einen unabhängig sein vom Willen Gottes, während andere das Gegenteil behaupten. Indes die Ansicht, welche die Entscheidung darüber, was wir tun, was wir an Gütern besitzen oder an Übeln zu tragen haben, allein bei den Gestirnen, unabhängig vom Willen Gottes, gelegen sein lassen, verdient ganz allgemein abgelehnt zu werden. … Denn die Wirkung dieser Ansicht kann nur die sein, dass man überhaupt keinen Gott verehrt und anruft. … Fasst man nun die Sache so auf, dass die Konstellation der Gestirne, die über das Schicksal des Menschen sozusagen entscheiden, vom Willen Gottes abhängig sei in der Weise, dass den Gestirnen solche Macht von der höchsten Macht Gottes übertragen worden sei, so geschieht dem Himmel schwer Unrecht; denn dann würden in seinem erleuchteten Senate und in seiner glänzenden Kurie, um dieses Bild zu gebrauchen, die Verübung von Freveln beschlossen werden, die jeder irdischen Regierungsbehörde, wenn sie derlei beschlösse, durch Beschluss des Menschengeschlechtes unfehlbar den Untergang brächten. Wo bliebe sodann die Gewalt Gottes, über die Taten der Menschen zu richten, wenn diese Taten unter dem Zwang der Himmelskörper stehen? Und Gott ist doch nicht nur Herr über die Gestirne, sondern auch Herr über die Menschen! Geht man aber von der Anschauung aus, dass die Gestirne vom höchsten Gott nicht die Gewalt erhalten haben, nach eigenem Gutdünken darüber zu entscheiden, sondern dass sie bei solchen Nötigungen lediglich Gottes Befehle vollstrecken, dann muss man ja Gott selbst eine Rolle zuschreiben, die man des Willens der Gestirne durchaus unwürdig empfindet. Wenn man endlich den Gestirnen nur eine vorbedeutende, nicht eine bewirkende Kraft beimisst, so dass also die Konstellation eine Art Ausspruch wäre, der das Künftige vorhersagt, nicht aber es bewirkt, so ist zu erwidern, dass damit allerdings die Ausdrucksweise der Sterndeuter nicht übereinstimmt, die da zum Beispiel nicht sagen: ‚Mars in dieser Konstellation deutet einen Mörder an', sondern: ‚macht zum Mörder'".
(Augustinus, *Über den Gottesstaat*, 5. Buch 1)

Das Zodiak-Mosaik in der Synagoge von Bet Alfa (rechts: Umzeichnung), unweit von Bet Schean, stammt aus der ersten Hälfte des 6. Jh. nC. Die Symbole der zwölf Tierkreiszeichen haben hebräische Bezeichnungen. Sie gruppieren sich um eine Darstellung des Sonnengottes Helios auf einem Viergespann. In den Zwickeln sind vier weibliche Figuren abgebildet, die die Jahreszeiten symbolisieren.

Wie kommt der Zodiak in die Synagogen?

Passen astrologische Motive wie der Tierkreis mit dem Sonnengott Helios zum antiken Judentum? Das wurde in der Forschung lange für unmöglich gehalten. Heute nimmt man dagegen an, dass die Astrologie auch für das Judentum eine starke Bedeutung hatte.

Von Reimund Leicht

Im Heiligen Land sind acht Synagogenmosaiken mit Zodiakdarstellungen erhalten. Sie stammen aus der Zeit, die der Tempelzerstörung im Jahr 70 nC folgte und die man „rabbinische Zeit" oder „römisch-byzantinische Zeit" in Palästina nennt (1.–7. Jh.). Im Zentrum dieser ikonografisch ausgestalteten Bodenmosaiken thront der Sonnengott Helios auf seinem Wagen inmitten der Darstellung der Tierkreiszeichen und Jahreszeiten. Viele Besucherinnen und Besucher reagieren zunächst erstaunt: Gehören diese Zeichen der Astrologie nicht zur paganen, hellenistisch-römischen Kultur der Antike? Sind sie in Synagogen nicht deplatziert, unvereinbar mit dem einen Gott Israels und seinem Bilderverbot?

Wie der Tierkreis ins Judentum gelangte

Der Tierkreis mit seinen zwölf Zeichen wurde in Babylonien entwickelt, spielte dort aber für Astronomie und Astrologie noch eine untergeordnete Rolle. Im Wesentlichen ist er mit seiner großen Bedeutung als Koordinatensystem für astrologische Voraussagen eine Erfindung des Hellenismus. Dieses astrologische Lehrsystem wurde besonders im hellentischen Ägypten verfeinert. Von da ist es ins Judentum eingedrungen. Die Aufnahme, die literarische und ikonografische Verarbeitung des Tierkreises ist ein Anzeichen für die starke Einbettung des Judentums in die allgemeine Kultur der Spätantike.

Wie intensiv die Kenntnis der Astrologie und des Tierkreises während der Zeit des Zweiten Tempels – also bis zum Jahr 70 nC – war, darüber hat die Judaistik vergleichsweise wenig Dokumente. Die heutige judaistische Forschung setzt voraus, dass Juden grundlegende Formen von Astrologie- und Tierkreiszeichenkenntnissen übernommen haben oder auf eine Weise gekannt haben, wie man heute naturwissenschaftliches Grundwissen hat – und auch Palästina war bereits tiefgreifend hellenisiert.

Ein Fragment aus Qumran kennt den Tierkreis und benennt die einzelnen Zeichen in aramäischer Sprache. Es ist das sogenannte *Brontologium* („Donnerbuch"), in dem allgemeine Voraussagen für Ernte, Wirtschaft, Kriege oder politische Ereignisse aufgrund von Donnererscheinungen getroffen werden – vermutlich in Kombination mit der Stellung des Mondes in einem bestimmten Tierkreiszeichen. In dieser Zeit trifft man im hellenistisch geprägten Judentum auch auf eine Motivik, die symbolisch die zwölf Stämme mit den Tierkreiszeichen in Verbindung setzt. Der Tierkreis – so kann man vermuten – war Teil des allgemeinen kulturellen Umfelds.

Das Rätsel, was die Tierkreisdarstellungen in den Synagogen bedeuten, ist bis heute nicht gelöst

Aber handelte es sich nicht bei den Synagogenmosaiken um eine rein ästhetische Verwendung des Tierkreises ohne jede inhaltliche Bedeutung? Dies scheint kaum der Fall zu sein: Neben den ikonografisch ausgestalten Tierkreismosaiken der Spätantike stieß man interessanterweise auch auf ein Beispiel in der kleinen Synagoge von En Gedi, wo nur die Namen der Tierkreiszeichen aufgeschrieben sind – in Hebräisch und verbunden mit den entsprechenden Monatsnamen. Während die prächtigen, bildreichen Tierkreise lange Zeit so gedeutet werden konnten, als seien sie rein ornamental – als Verschönerungsmotiv – zu bewerten, lässt das Beispiel aus En Gedi diese Interpretation un-

Mosaikboden aus dem 5. Jh. nC in der Synagoge von En Gedi, geschützt unter einem Sonnensegel: Statt prächtiger Bilder werden die Tierkreiszeichen hier mit ihren hebräischen Namen aufgelistet, erstmals mit den korrespondierenden Monaten (Pfeil).

wahrscheinlich werden. Das Rätsel, was die Tierkreisdarstellungen in den Synagogen bedeuten, ist zwar bis heute nicht gelöst, doch weist alles darauf hin, dass der Zodiak für die Synagogenbesucher eine Bedeutung hatte, die über das rein Ästhetische hinausging.

Diese Vermutung wird durch zusätzliche Dokumente erhärtet. Zeitgleich, im 5.–7. Jh., stößt man auch in der rabbinisch-homiletischen Literatur immer wieder auf die Erwähnung des Tierkreises. So deutet ein Midrasch Teile der Schöpfungserzählung astrologisch: Warum die Welt im Monat Nissan und nicht in einem anderen Monat erschaffen wurde, wird anhand des Tierkreises erläutert. Auf die gleiche Weise wird die Frage behandelt, warum die Tora in einem bestimmten Monat gegeben wurde. Ebenso trifft man in der synagogalen Poesie dieser Zeit verstärkt auf astrologische Motive.

Die Auseinandersetzung mit dem astralen Determinismus

Ein weiteres Phänomen ist in der rabbinischen Literatur dieser Epoche festzustellen: Die Frage des astralen Determinismus wird auffällig stark diskutiert. Die Rabbinen führen eine Reihe von talmudischen Erzählungen an, die dokumentieren, dass Israel für sich – im Gegensatz zu den anderen Völkern der Welt – in Anspruch nehmen kann, direkt der Herrschaft Gottes unterstellt und von jeder Form astralen Determinismus' ausgenommen zu sein. Die Forschung hat aufgrund dieser Quellen lange Zeit das Diktum des *ein mazal l^{e}jisrael* betont, „es gibt kein Schicksal (oder Tierkreiszeichen) für Israel" – *mazal* ist auch der Begriff für „Tierkreiszeichen". Kulturgeschichtlich ist mit der Diskussion der Rabbinen jedoch zweierlei bezeugt: Auf der einen Seite der theologische Versuch, sich von dieser Annahme zu distanzieren, aber gleichzeitig auch, wie sehr die Vorstellung des Determinismus im Judentum ins tägliche Leben Eingang gefunden hat.

Die Forschung der letzten 15 Jahre hat gezeigt, dass wir in der rabbinischen Zeit erstmals ein nennenswertes Corpus von jüdischen astrologischen Texten besitzen. Sie sind heute bekannt, weil sie sich in der Kairoer Geniza erhalten haben: mindestens 15 populärastrologische Texte, die mithilfe der Stellungen vor allem von Mond und Sonne im Tierkreis an einem bestimmten festgelegten Datum Prognosen abgeben, wie sich das Jahr entwickeln wird. Besonders beliebt waren Neujahrsprognosen, wie sie sich beispielsweise im „Traktat des Sem" finden, eine Schrift, die in einer palästinisch-aramäischen Version erhalten ist, aber auf einer hellenistisch-ägyptischen Kalendertradition basiert und auch in anderen Sprachen (wie Syrisch) erhalten ist.

Die Annahme eines astralen Determinismus entwickelt sich im Hinblick auf die Geschichte der Astrologie erst relativ spät. Wir wissen aus Babylonien, dass die Sterne mit Göttern assoziiert wurden und damit entsprechende Sternenkonstellationen göttlichen Einfluss anzeigten. Zu einem Determinismus wird dieser Einfluss aber erst in dem Moment, in dem die astralen Entitäten in einem gewissen Maße entsakralisiert werden und – anachronistisch gesagt – zu „naturwissenschaftlichen" Faktoren werden. Der Mensch erscheint dann in einem System von natürlichen Abhängigkeiten und Kausalitäten.

Die wissenschaftlichen und religiösen Implikationen dieser Auffassung werden aber erst in der römischen Zeit zu einem stark diskutierten Thema. Es regte sich die Frage, ob die natürlichen Einflüsse bestimmend sind, oder ob religiöse Zugehörigkeit, Glaube und Riten die Menschen von dieser Kausalität befreien; ob Religion und ethisches Verhalten eine astrologische Vorherbestimmung überwinden können. Wie weit ist überhaupt eine Freiheit des Menschen zu postulieren, die stärker ist als die astrologischen Kräfte? Unter dem Einfluss des Hellenismus wird dieser Zusammenhang von Freiheit und Determinismus auch im rabbinischen Judentum diskutiert. Allgemein kann man sagen, dass das rabbinische Schrifttum zunächst immer dazu neigt, die Freiheit des Menschen anzuerkennen und zugleich Gott die unumschränkte Macht auch gegenüber den Naturkräften zu belassen. Lange Zeit hat man daher in der Forschung angenommen, dass Judentum und Astrologie nicht zusammenpassen – das galt sowohl für die formative Phase des Judentums in der Spätantike wie auch für das Mittelalter. Diese Sicht hat sich jedoch in den letzten zehn bis zwanzig Jahren vollkommen gewandelt: In allen Phasen der jüdischen Geschichte konnte man Hinweise dafür finden, wie wichtig die Astrologie für die Weltdeutung des Judentums war.

Neben den verstreuten Hinweisen in der rabbinischen Literatur mag sich dafür auch ein Beleg in der Schrift eines christlichen Kirchenvaters des 4. Jh. eignen. In der frühen Kirche wurde der Tierkreis kritisch gesehen, wann immer er als Horoskopinstrument gebraucht wurde. Bischof Epiphanius von Salamis (gest. 403) stellt in seiner Schrift *Panarion haeresium* die Sekten seiner Zeit dar. Darunter führt er die Pharisäer auf (diese Bezeichnung ist hier ahistorisch, da die Pharisäer natürlich in die Zeit des Zweiten Tempels gehören). Für seine Gegenwart kritisiert Epiphanius diese „Pharisäer" und behauptet, sie würden an das Schicksal – die griechische *heimarmenê* – glauben. Dies könne man daran sehen, dass es hebräische Namen für die Tierkreiszeichen und die Planeten gebe. Die hebräischen Übersetzungen der Tierkreisnamen in griechischen Buchstaben führt er also als Beweis dafür an, wie astrologiegläubig die Juden seien. Die Argumentation ist interessant: Epiphanius bewertet also allein die Schaffung der hebräischen Terminologie als kennzeichnend für astrologische Schicksalsgläubigkeit. Obwohl die Passage ganz offensichtlich in polemischer Absicht formuliert wurde, passt sie zum innerjüdischen Befund: Man kann in jüdisch-aramäischen astrologischen Texten und in den Synagogenmosaiken aus dieser Zeit ersehen, dass selbst dann, wenn die Texte überwiegend aramäisch oder griechisch verfasst sind, die Namen der Tierkreiszeichen immer auf Hebräisch wiedergegeben werden. Möglicherweise liegt hier der Grund dafür, dass die Astrologie in der jüdisch-christlichen Polemik thematisiert werden konnte.

Können Religion und ethisches Verhalten astrologische Vorherbestimmung überwinden?

Zodiak – Ordnungsschema in der Unordnung?

Die ikonografische Verwendung des Tierkreises in den Synagogen ist immer wieder auch symbolisch gedeutet worden, stehen doch die Sternbilder und die Sonne für eine Harmonie des Kosmos und die Ordnung der Zeit. Manche Forscher haben daher das Auftauchen des Tierkeises in den Synagogen in der Spätantike auch mit der Reform des jüdischen Kalenders in Verbindung bringen wollen (diese Reform wird traditionell Rabbi Hillel II. im Jahr 358 zugeschrieben; er rechnete Sonnenjahre ab der Schöpfung, was bis heute im Judentum fortgeführt wird). Dies bleibt eine Hypothese, aber sie weist auf eine bemerkenswerte Ambivalenz, mit der die Sternenbewegungen stets betrachtet wurden: Einerseits erscheinen sie gleichförmig und ewig, fast göttlich erhaben, andererseits bieten sich dem genauer Betrach-

Sein Sternzeichen Steinbock spielte für Augustus eine wichtige Rolle. Auf viele Münzen lässt er ihn prägen – mit einem Füllhorn und Fischhinterleib. Unter dem Steinbock fand die Empfängnis des Augustus statt; im Monat des Steinbocks erhielt er die Kaiserwürde und seinen Ehrennamen. Er ließ das Horoskop veröffentlichen, das ihm die Weltherrschaft verhieß, und soll auf der Brust ein Muttermal in Form des Sternbilds Großer Bär gehabt haben. Diese Münze ließ er zur Gründung der Stadt Ephesus im Jahr 26 vC prägen.

> Es gab unterschiedliche Niveaus von Astrologie – wissenschaftliche Astrologie und eine populäre Form, die keiner mathematischen Berechnungen bedurfte

tenden derart viele Irregularitäten, dass Astronomie und Kalenderrechnung seit eh und je vor ungeheuren Problemen standen. Auch die Astrologie hat sich die Irregularitäten der Sonnen-, Mond- und Planetenläufe im Tierkreis zunutze gemacht, da sie die Besonderheiten von Konstellationen mit in ihre Überlegungen einbeziehen konnte. Mögen die Bahnen von Sonne und Mond zumindest scheinbar noch regulär sein (was sie bei genauerer Betrachtung keineswegs sind), so bewegen sich die Planeten auf ihren zum gesamten Sternenzelt entgegengesetzen Bahnen manchmal aufgrund der Perspektive von der Erde rückwärts, um dann plötzlich zu stoppen und sich wieder in die andere Richtung zu bewegen. Daher auch der Begriff „Irrsterne" oder „Wandelsterne". Eine Herausforderung für die Astronomie war es, eine Synthese zu finden zwischen dem intuitiven Dogma der Harmonie und der Gleichmäßigkeit der Sternenwelt und der Notwendigkeit, die irregulären Phänomene zu erklären. Das versuchten schon Plato und Aristoteles im klassischen Griechenland: Plato wird der Ausspruch *sōzein ta phainómena* zugeschrieben („die Phänomene retten"), wobei es ihm darum ging, ein astronomisches Modell zu finden, das die scheinbar irregulären Phänomene auf reguläre harmonische Kreisbewegungen zurückführt. Auf der anderen Seite war für die Astrologie die scheinbare Zufälligkeit oder Irregularität der Bewegungen der damals bekannten und mit dem bloßen Auge sichtbaren Planeten (Saturn, Jupiter, Mars, Vernus, Merkur sowie Sonne und Mond, die damals zu den Planeten gerechnet wurden) das entscheidende funktionale Moment: Nur dadurch hatte man immer wechselnde, scheinbar zufällige Konstellationen, die auf das wechselvolle Schicksal eines Menschen oder eines Landes anwendbar waren und Einfluss zu haben schienen.

Astrologische Literatur war populär

Horoskopiermethoden, die heute verwendet werden, unterscheiden sich nicht wesentlich von denen vor zweitausend Jahren. Horoskope sind die zunächst rein astronomische Bestimmung der Stellung von Planeten, die sich auf dem imaginären Gürtel des Tierkreises bewegen, der damit zu einem Ordnungssystem für die Planetenstellungen wird. Für astrologische Aussagen wird er zudem in bestimmte Häuser aufgeteilt, in Lebensbereiche – Freundschaft, Lebenslänge, Ehe, Beruf ... Dazu kommt die Bestimmung der Stellung der Pla-

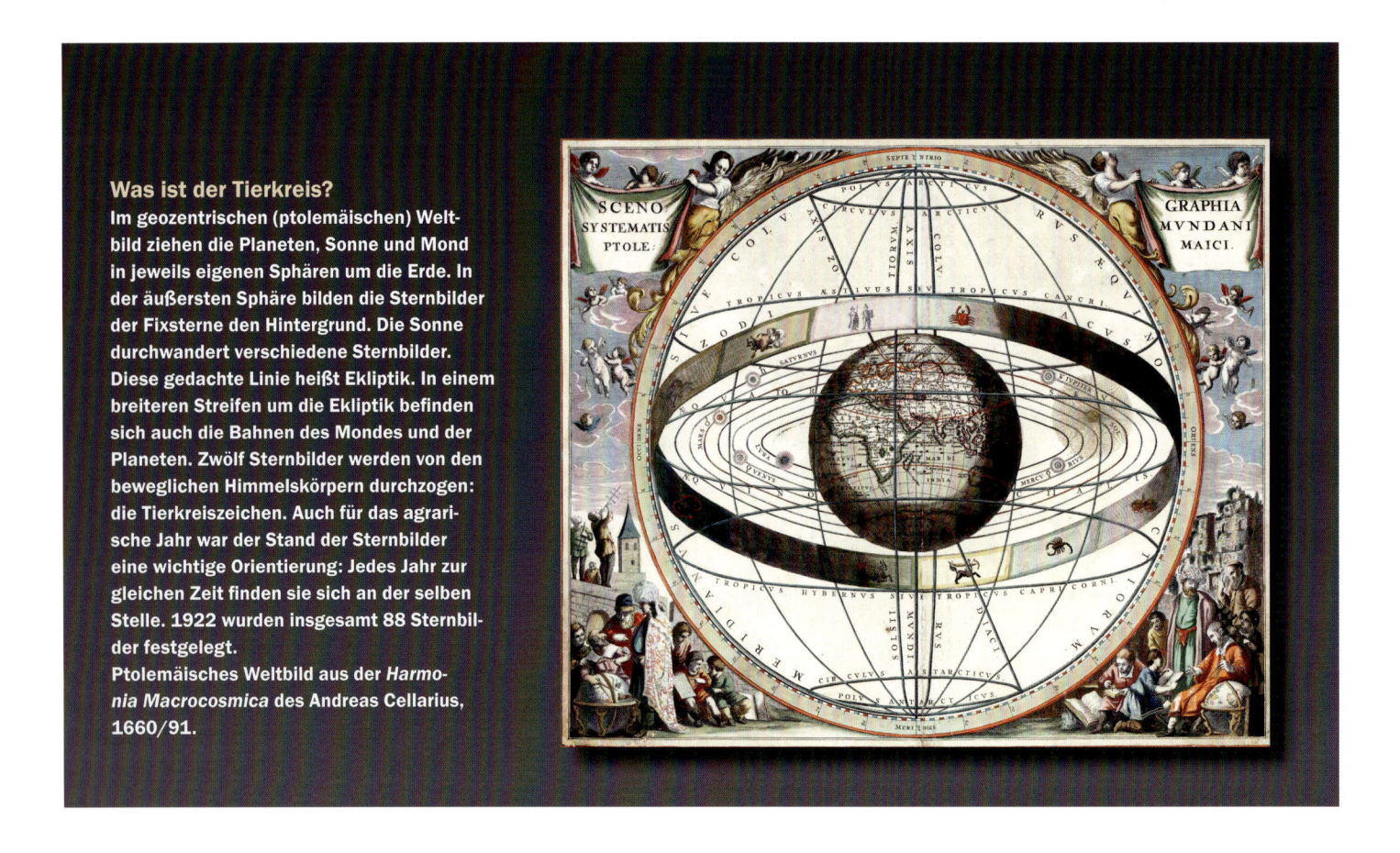

Was ist der Tierkreis?
Im geozentrischen (ptolemäischen) Weltbild ziehen die Planeten, Sonne und Mond in jeweils eigenen Sphären um die Erde. In der äußersten Sphäre bilden die Sternbilder der Fixsterne den Hintergrund. Die Sonne durchwandert verschiedene Sternbilder. Diese gedachte Linie heißt Ekliptik. In einem breiteren Streifen um die Ekliptik befinden sich auch die Bahnen des Mondes und der Planeten. Zwölf Sternbilder werden von den beweglichen Himmelskörpern durchzogen: die Tierkreiszeichen. Auch für das agrarische Jahr war der Stand der Sternbilder eine wichtige Orientierung: Jedes Jahr zur gleichen Zeit finden sie sich an der selben Stelle. 1922 wurden insgesamt 88 Sternbilder festgelegt.
Ptolemäisches Weltbild aus der *Harmonia Macrocosmica* des Andreas Cellarius, 1660/91.

Die astronomische Decke im Vorhof des Hathortempels von Dendera (Ägypten) ist verziert mit einer detaillierten Himmelskarte. Sie zeigt die Tierkreiszeichen (im oberen Register sind links die Fische erkennbar), Sternkonstellationen und die Himmelsgöttin Nut, die abends die Sonne verschlingt (ihr Kopf unten rechts). Der Pronaos wurde erbaut unter Kaiser Tiberius (gest. 37 nC), der sogar einen eigenen Hofastrologen namens Thrasyllos beschäftigte.

neten in diesen Häusern: die Verhältnisse der Planeten zueinander, ob sie im Tierkreis in Opposition stehen, ob sie sich in Dreiecken oder Vierecken zueinander verhalten, sowie der Sympathien und Antipathien von Planeten und Tierkreiszeichen und weitere Faktoren, die das ganze dem Laien sehr unübersichtlich erscheinen lassen.

Das System der Astrologie hat die inhärente Tendenz, immer komplizierter zu werden. Dabei gab es unterschiedliche Niveaus von Astrologie – wissenschaftliche Astrologie, die mit exakten astronomischen Werten operierte und komplexe Prognosekriterien entwickelte, und eine populäre Form, die keiner mathematischen Berechnungen bedurfte und Aussagen traf wie: „Wenn zu einem bestimmten Tag der Mond in einem bestimmten Tierkreiszeichen steht, wird es im nächsten Jahr viel regnen." Wie viel die Juden in der Spätantike tatsächlich von der wissenschaftlichen Astrologie wussten, ist schwer zu sagen. Auch archäologische Zeugnisse wie die Synagogenmosaiken geben hierüber keinen Aufschluss. Dass die Juden aber seit der Spätantike in der Rezeption populärastrologischer Texte gegenüber der Umweltkultur keine Ausnahme gemacht haben, lässt sich durch viele Quellen belegen. Noch bis ins Mittelalter werden jahrhundertealte populäre astrologische Texte in den Anhängen zu den offiziellen liturgischen Synagogenbüchern verzeichnet.

Diese Angaben waren offenkundig wichtig genug, dass sie in die Gemeindeausgaben für die Synagogengebete aufgenommen wurden.

Zusammenfassend lässt sich daher feststellen, dass – jenseits aller dogmatischen Vorfestlegungen, was als jüdisch zu gelten hat und was nicht jüdisch sein kann – die Studien am Tierkreis und über die Astrologie zeigen, dass jüdische Kultur und jüdisches Leben in der Spätantike weitaus vielseitiger war, als es die die klassische Lesart von Talmud und Midrasch bisweilen suggeriert. Sowohl die archäologischen Belege der Zodiakmosaiken wie auch die Quellenlage weisen darauf hin, wie populär astrologische Literatur und Motive waren. Astrologisches Denken verschmolz mit traditionellen Vorstellungen des Judentums, sodass es zu einem zentralen Teil des Judentums werden konnte. ■

Dr. Reimund Leicht ist Senior Lecturer am Department for Jewish Thought und im Program for the History, Philosophy and Sociology of Sciences an der Hebrew University in Jerusalem u. a. mit den Schwerpunkten mittelalterliche Wissenschafts- und Philosophiegeschichte, antike jüdische Kulturgeschichte (Mystik, Magie und Astrologie) und christliche Kabbala. Zuletzt ist von ihm erschienen *The Reception of Astrology in Medieval Ashkenazi Culture*. Zum Thema dieses Beitrags vgl. *Astrologumena Judaica. Untersuchungen zur Geschichte der astrologischen Literatur der Juden* (Büchertipps S. 55).

Die astronomischen und kulturellen Grundlagen der Zeitrechnung

Im Rhythmus von Sonne und Mond

Jeder Blick auf den Kalender ist ein Blick in eine jahrtausendealte astronomische Geschichte. Die Positionen der Himmelskörper bestimmen den Rhythmus der Zeit, sie qualifizieren seit der Antike „richtige" oder „falsche" Zeiten, sie geben Festzeiten für die Götter vor. Erst mit der Erfindung von Kalendern konnten ganze Gesellschaften koordiniert werden. **Von Jörg Rüpke**

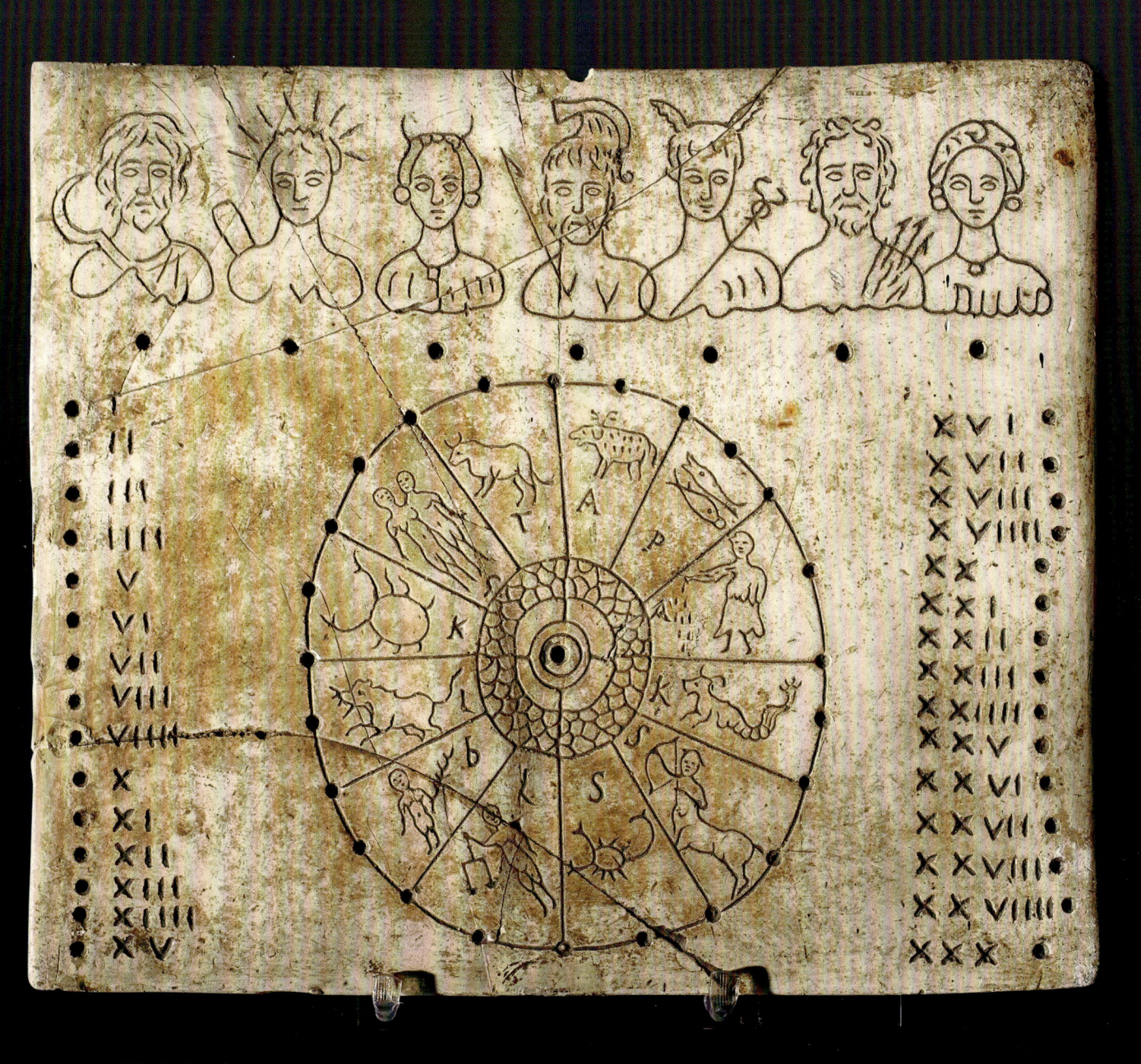

Römischer Kalender mit einer Darstellung der Monate in Form des Tierkreises und der Wochentage in Gestalt der sieben Planetengötter. Zudem gibt es 30 Stecklöcher für die Tage eines Monats. 1. Jh. nC. Museo della Civiltà, Rom.

Kalender sehen überall gleich aus. In Spalten angeordnet, führen sie die einzelnen Tage eines Jahres auf, 31 Tage im Januar, 28 Tage im Februar usw. Zwölf Monate, ob sie nun parallel angeordnet oder auf den Seiten eines Buchkalenders hintereinander geschaltet sind, bilden ein Jahr. Diese Anordnung ist uns so selbstverständlich, dass wir über Alternativen nicht nachdenken. Dabei ist sie historisch gesehen gar nicht selbstverständlich. Unsere heutigen Kalender und die Darstellungsformen auch anderer Kalender, etwa im Islam oder im chinesischen Bereich, leiten sich alle aus der Darstellungsform des antiken römischen Kalenders her. Dieser legt es darauf an, sämtliche Tage eines Jahres detailliert darzustellen. In dieser Form erlaubt es der Kalender, Informationen oder Vorschriften über einzelne Tage geben zu können. Er stellt auch Raum für eigene Einträge zu diesen Tagen zur Verfügung. Die zahlreichen Variationen von Kalendern, die heutzutage im Umlauf sind, entsprechen im Grundsatz bereits der antiken Formenvielfalt, wobei wir uns klarmachen müssen, dass vor allem solche Kalender in dauerhaften Materialien gestaltet wurde, die einen repräsentativen Charakter trugen.

Was ist ein Kalender?

Welche Funktionen diese antiken Kalender besaßen und Kalender noch heute besitzen, lässt sich ebenso an ihrer Form wie an den Informationen, die sie vermitteln, ablesen. Vor allem scheinen Kalender dieses Typs den einzelnen Tagen Namen zu geben: In unserem Kalender ist jeder Tag des Jahres durch die Angabe des Monats wie einer fortlaufenden Zählung innerhalb der Monate eindeutig benannt. In viele Kalender wird darüber hinaus ein Wochenrhythmus eingetragen. Einzelne Tage erhalten eigene Namen, insbesondere solche, die an einem Ort oder in einer ganzen Gesellschaft als Feiertage benutzt werden. Die primäre Funktion dieser Kalender des römischen Typs besteht offensichtlich darin, gesellschaftliche Aktivitäten zu koordinieren. So wissen wir, wann wir jemanden zum Geburtstag gratulieren müssen, oder wann wir zu einer Reise aufbrechen wollen. Die Tagesnamen ermöglichen es uns, sicherstellen zu können, dass sich mehrere Personen an einem verabredeten Ort zur gleichen Zeit zusammen treffen können – wenige Einzelne, große Gruppen oder sogar die gesamte Bewohnerschaft eines Ortes. Auf diese Weise kann ein Aktivitätsmuster einer ganzen Gesellschaft in einem Kalender kodiert sein. Markttage sind ein wichtiges Element eines solchen gesellschaftlichen Rhythmus, politische Versammlungen und Unterbrechungen des Alltags andere. Nicht jedes Element betrifft alle. In vielen heutigen Kalendern sind Schulferien notiert, ohne damit zu implizieren, dass die gesamte Bevölkerung als Schülerinnen oder Lehrer die Schule besucht. Nicht jeder nimmt am Marktgeschehen teil, nicht jeder ist in der politischen Versammlung stimmberechtigt.

Neben diese Aktivitäten treten religiöse Praktiken. Prominent sind Hinweise auf Feiertage, unabhängig davon, ob damit einhergehende Verpflichtungen alle betreffen oder nur religiöse Spezialisten. Oft sind es aber gar nicht konkrete Aktivitäten, sondern die religiöse Qualifikation der Zeit, die im Kalender einen Niederschlag findet. Tage werden von Göttern oder Dämonen regiert, sie gehören einem bestimmten Gott oder sie untersagen Aktivitäten, die diese Gottheit beeinträchtigen könnten: Der erste März des römischen Kalenders gehört der Juno und wird von Frauen zu Festlichkeiten genutzt; all diese *feriae*, wie sie Lateinisch heißen, verbieten Eingriffe in den Erdboden. Einerseits werden so die kultischen Ansprüche von Gottheiten festgeschrieben und der Dienst an ihnen garantiert. Andererseits wird auf diese Weise ein drängendes menschliches Bedürfnis befriedigt. Denn in vielen Fällen müssen wir unter großen Unsicherheiten handeln: Wenn wir uns auf eine große Reise begeben, einen neuen Beruf antreten oder in den Stand der Ehe eintreten, wissen wir kaum, was sich daraus entwickelt. Wichtige Informationen bleiben uns im Augenblick oder sogar prinzipiell unzugänglich. Die Möglichkeit, unter solcher Unsicherheit zumindest den „richtigen" Tag auswählen zu können, ist dann von hoher Bedeutung. Im Monat Mai, so hieß es in Rom, heiraten nur „böse Frauen", am 8. November, an dem eine „Mundus" genannte Grube offen stand, unternahm man nichts Größeres. Tagewählerei oder anders ausgedrückt: *kalendarische Divination* ermöglichen zu können, gehört zu den wichtigsten Funktionen von Kalendern – ob in antiken Angaben

> Manche Tage gehören einem bestimmten Gott oder sie untersagen Aktivitäten, die diese Gottheit beeinträchtigen könnten

über gute und schlechte Tage, in frühneuzeitlichen (Ader-)Lass-Kalendern oder in den entsprechenden Heften, die heute ostasiatische Kioske überschwemmen. Welcher Mechanismus im Einzelnen hinter der Qualifikation solcher Tage steckt – anschauliche Zusammenhänge wie zunehmender Mond und Neuanfang, theologische Überlegungen wie Heiratsverbote in der Fastenzeit, komplexe astrologische Berechnungen oder einfache Kalenderarithmetik („Freitag der dreizehnte") –, ist vielfach egal oder zumindest vergessen, wenn wir uns des Kalenders als Orientierungsinstrumentes bedienen. Dabei steckt hinter der schlichten Gestalt fast jeden Kalenders eine komplexe astronomische Geschichte, die den Anspruch, gesellschaftliches Verhalten zu normieren, mit der Vorstellung verbindet, der Kalender könne aufgrund astronomischer, manchmal auch historischer Gegebenheiten nur so und nicht anders sein. Obwohl wir wissen, dass – zum Beispiel in Deutschland – Feiertage durch Landes- oder Bundesgesetze geregelt werden, scheint der Kalender insgesamt doch solchen Eingriffen entzogen zu sein, scheint etwas Natürliches zu sein, den Gang der Natur abzubilden.

Astronomische Probleme

In der Alten Welt, ohne eine Infrastruktur aus Zeitungen, öffentlichen Uhren und dergleichen, war ein Kalender, der der Koordination von gesellschaftlichen Aktivitäten in ökonomischen, politischen, militärischen und religiösen Belangen dienen sollte, auf Ausrufer angewiesen oder Phänomene, die für alle leicht zu verifizieren waren. Für eine grobe Strukturierung des Jahres haben sich manche Gesellschaften auf Blühphasen oder Wanderungen von Vögeln oder Fischschwärmen konzentriert. Für die Koordination größerer Gesellschaften und zumal die Feinabstimmung von Aktivitäten ist das unzureichend. Die klassische Lösung dieses Sachverhaltes bestand darin, abzählbare Folgen von Tagen mit den Mondphasen zu verbinden. Voll- wie Neumonde waren beliebte Tage für Feste oder Märkte. Bei allen Beobachtungsungenauigkeiten sind die Tage dazwischen von ungefähr gleicher Anzahl. Aber man muss schon hingucken: Bei einer durchschnittlichen Länge von 29,54 Tagen von Vollmond zu Vollmond reicht es nicht, mit einem Stab von 29 *oder* 30 Kerben zu arbeiten.

> Man verband abzählbare Folgen von Tagen mit Mondphasen. Voll- wie Neumonde waren beliebt für Feste oder Märkte

So bequem der Mondmonat für den alltäglichen Lebensrhythmus war, so wichtig war im Blick auf Ackerbau und Jagd und all die davon abgeleiteten, auch städtischen Aktivitäten das Sonnenjahr. Will man auch dieses mit der Präzision der Monatsteilung verfolgen, müssen die rund 354 Tage von 12 „Lunationen" zu den (rund!) 365,25 Tagen des Sonnenjahres in ein Verhältnis gesetzt werden. Die unterschiedliche Behandlung dieses Problems und die völlig willkürliche Wahl des Jahresanfangs machen im Kern die Differenzen aller historischen und noch der heutigen Kalendersysteme aus. Während man in Ägypten schon im frühen 3. Jahrtausend vC die Länge des Sonnenjahres recht präzise bestimmte, Sonnen- und Mondkalender aber kaum koordinierte, wurde in Mesopotamien ab Ende dieses 3. Jahrtausends eine Koordination über Schaltungen nach Bedarf vorgenommen. Erst seit dem Ende des 2. Jahrtausends vC gewannen die Dokumentationen der Beobachtungen und ihr systematischer Vergleich eine Präzision, die dann in der Mitte des 1. Jahrtausends vC in Griechenland zur Formulierung zunächst einer 8-jährigen und dann einer 19-jährigen Schaltregel (der sogenannte *Metonische Zyklus*) führte, die dann auch in Babylonien verbreitet wurde. Erst auf dieser Basis war die Vorhersage von Mond- und Sonnenfinsternissen mit hinreichender Präzision möglich.

Eine mathematische Koordination beider Rhythmen war aber nicht ohne Alternative. Beide Kalendersysteme konnten durchaus getrennt betrachtet und für je unterschiedliche Zwecke herangezogen werden: Die Sonne für Landwirtschaft und Seefahrt, der Mond für politische und in der Regel auch religiöse Aktivitäten in den Siedlungsverdichtungen und Städten. Für die Bestimmung von Daten innerhalb des Sonnenjahres legte sich dann die Beobachtung von Sternaufgängen und Sternuntergängen in der Abend- oder Morgendämmerung nahe: Der Frühaufgang lässt einen Stern gerade noch erscheinen, bevor das Tageslicht ihn unsichtbar macht, der Spätuntergang lässt ihn gerade noch im schwindenden Tageslicht erkennen, bevor er unter die Sichtlinie fällt. Diese Beobachtungen waren ortsgebunden, durch Breitengrad wie den durch das Landschaftsrelief bestimmten Horizont definiert, und verlangten intensive Dokumentation wie mnemotechnische Hilfsmittel – wie etwa die Bildung von Sternbildern auch jenseits der Zirkumpolarsterne (die, bei zunehmender nördlicher bzw. südlicher Breite, nicht untergehen), um das beobachtete Phänomen eindeutig zu kennzeichnen. Eine umfangreiche Liste solcher Auf- und Untergänge ist erst vom Ende des 2. Jahrtausends vC erhalten (die MUL.APIN, „Pflugstern" genannte keilschriftliche Liste, s. Abb. rechts); in der Folgezeit und bis in das europäische Mittelalter hinein sollten sich lokale Beobachtungen mit – sachlich unzutreffenden – Daten aus andernorts entstandenen Listen vermischen.

Während einzelne astronomische Beobachtungen etwa zu Sonnenwenden und – schwieriger – Tag-und-Nacht-Gleichen oder bestimmten Sonnenständen in der örtlichen Landschaft im Jahresverlauf hohe Präzision besitzen konnten und schon früh gemacht wurden, wie manche Steinkreise vermuten lassen, verdichteten sich solche Beobachtungen nur selten und unter bestimmten Bedingungen zu einer „Kalenderwissenschaft", die die langfristige Zuverlässigkeit des Sonnenkalenders mit der einfachen Handhabbarkeit und dem Regelungspotenzial des Mondkalenders mit seinen einfach abzählbaren Tagen verbinden konnte. Wir können das für Babylonien und Griechenland, mit weniger präziser Chronologie auch für Mittelamerika und China beobachten. Das warnt davor, die vielfach weitreichenden kalendarischen Interpretationen etwa der „Himmelsscheibe von Nebra" oder der spätbronze-

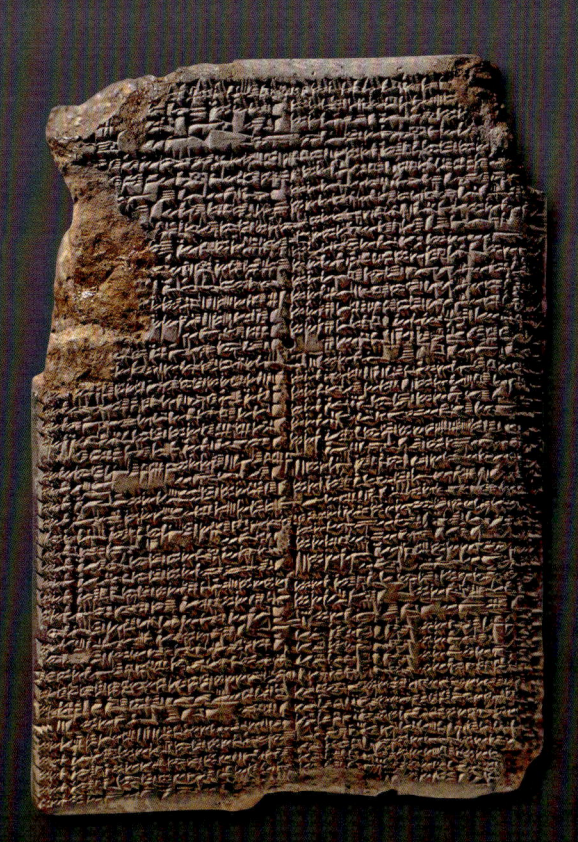

Babylonische Keilschrifttafel, sogenannte MUL.APIN-Tafel, heute im British Museum. Sie listet die Aufgänge und Positionen von Planeten, Sternen und Sternbildern auf: „am 20. Nisannu wird … sichtbar". MUL.APIN-Tontafeln – benannt nach dem ersten Begriff „Pflugstern" – wurden ab dem Ende des 2. Jahrtausends vC erstellt und bis 300 vC kopiert. Sie speicherten auf engstem Raum ein immenses astronomisches Wissen. Die Zählung der Tage geht in einem Schema von zwölf 30-tägigen Monaten vor. Der Nachthimmel war den höchsten Gottheiten Anu, Enlil und Enki unterstellt: Jede Gottheit erhielt einen Aufsichtsbereich. So werden Anu 33 Sterne zugeordnet, Elil 23 und Anki 15. Jede Woche war einer Gottheit zugeteilt.
Um 500 vC, Höhe 8,4 cm, BM 86378, British Museum.

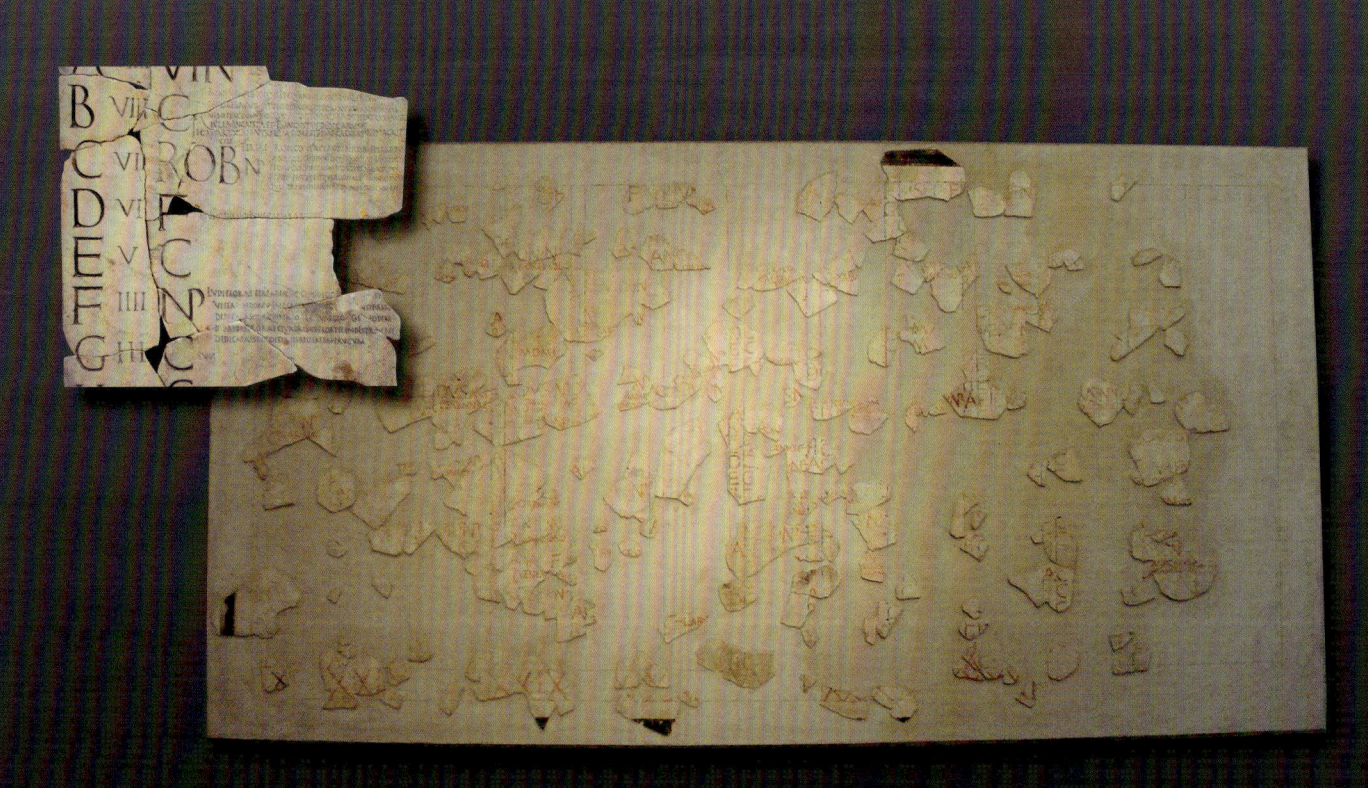

Römischer Festkalender (*Fasti Antiates maiores*), der nur noch in Fragmenten erhalten ist. In einer Größe von 116 × 250 cm zierte er eine Wand. Er listete alle Feste in den zwölf Monaten des Jahres und im Schaltmonat auf sowie die Konsuln von 173–67 vC. Gefunden 1915 in den Ruinen von Antium. Museo Nazionale Romano, Palazzo Massimo alle Terme, Rom.

Die Sonnenwenden und Tag-und-Nacht-Gleichen, wichtige Orientierungen im Jahresverlauf, wurden schon früh in der Menschheitsgeschichte mit Präzision bestimmt; etwa im thüringischen Goseck (4800 vC, unten) oder in Stonehenge (um 3000 vC mit Vorgängeranlagen, oben). Der Sonnenstrahl fiel an bestimmten Tagen in speziellen Winkeln in die Kreisanlagen und ermöglichte so die Inszenierung von politischer Macht – solche Anlagen dienten immer einem größeren, häufig schnell wieder zerfallenden Verbund von Siedlungen. Gleichzeitig konnte man an diesen Stätten kultische Aktivitäten nachweisen: Die astronomische Sonnenobservation war mit dem Kontakt zu den Gottheiten verbunden.

zeitlichen Goldhelme zu akzeptieren. Entnimmt man solchen Objekten einzelne Zahlen, erlauben komplexe Kombinationen, fast jedwedes astronomische Wissen darin kodiert zu sehen. Biblische Texte bis in die hellenistische Zeit hinein zeigen dagegen, wie einfach Kalender auch noch in komplexen Gesellschaften sein konnten (Jes 1,13; Ps 81,4; Jes 66,23).

Kampf um die Zeit

Dass Leben auch ohne Kalender möglich ist, nimmt dem Kalender nichts von seiner großen Bedeutung in der Möglichkeit, komplexe gesellschaftliche Aktivitäten zu steuern und aufeinander abzustimmen. Daher bildet die Ordnung der Zeit ein Feld intensiver Auseinandersetzungen. Das gilt für die Bronzezeit, in der etwa in großen Kreisbauten das Wissen über Daten und Orte von Sonnenauf- oder -untergängen zur Inszenierung von Macht genutzt wurde – der berühmteste ist Stonehenge –, und das gilt für die Neuzeit, die mit der französischen Revolution einen der weitreichendsten Eingriffe in den Kalender gezeigt hat.

Historisch betrachtet, konzentrieren sich die politischen Auseinandersetzungen um den Kalender auf die Frage der Schaltung: Wer bestimmt, wann ein Schaltmonat eingeschoben wird, und legt damit die Länge des Jahres und den Beginn des nächsten Jahres fest? In Griechenland können wir beobachten, dass sich trotz der Existenz zuverlässiger Schaltregeln die tatsächlichen Schaltungen an tagespolitischen Erwägungen der herrschenden Könige oder Beamten orientieren; immerhin geht es gegebenenfalls um die Verlängerung eigener Amtszeiten, die Verfügung über Militär oder wirtschaftliche Mittel oder um Kreditmittel für einen ganzen Monat. Versuche, solche Erwägungen auszuschließen, indem eine Priesterschaft mit der Aufgabe betreut wird, scheiterten in Rom mehrfach. Im spätantik-mittelalterlich jüdischen Kalender waren es die Rabbinen, die die Entscheidung monopolisierten und an ihre eigene Beobachtung und gerade nicht mathematische Formeln banden.

Diese Situation legte es anderen nahe, das Problem durch eine Minimierung der Länge der Schaltung zu erreichen. Für Rom war das *das* Hauptziel der Julianischen Kalenderreform (46 vC): Die Schaltung war auf einen einzigen Tag alle vier Jahre reduziert. Einen anderen Weg ging der rein lunare islamische Mondkalender, der auf Schaltungen völlig verzichtete und dafür in Kauf nahm, dass sich das Mondjahr stetig gegenüber dem Sonnenjahr verschiebt – mit entsprechenden Folgen selbst für die historische Chronologie, da die islamische Zeitrechnung ab der „Flucht" (*Hidschra*) mit Jahren von 354 Tagen Länge rechnet. Der Eingriff der Gregorianischen Reform spaltete über die Frage nach der Legitimität einer päpstlichen Reform des ja auch politischen Kalenders Mitteleuropa kalendarisch für mehr als 100, in Einzelfällen mehr als 250 Jahre; im Verhältnis zu Ost- und Südosteuropa währte die Spaltung bis ins 20. Jh. Der sehr viel weitreichendere Eingriff der Französischen Revolution blieb Episode.

Im Verhältnis dazu nehmen sich die vielen kleinen Reformen, die zumeist die Monatsnamen, gelegentlich die Definition des Jahresanfangs betrafen, harmlos aus. Immerhin gab die Namensgebung Herrschern die Möglichkeit, sich selbst in das „Natur-Instrument" Kalender einzuschreiben, wie etwa Kaiser Augustus. Auf noch kleinerer Ebene leisten das wechselnde Gedenk- und Festtage noch heute.

Wer bestimmt, wann ein Schaltmonat eingeschoben wird und legt damit die Länge des Jahres fest?

Der Blick auf die unterschiedlichen Tage nationaler Kalender weist aber noch auf ein Weiteres. Gerade in seiner Alltäglichkeit und weiten Präsenz in Institutionen und Lebenswelten bietet der Kalender, die Abbildung der Positionen der Himmelskörper, ein Instrument von Identifikation und Abgrenzung. Gerade dort, wo es nicht nur um das „Kleingedruckte", die Einträge für einzelne Tage geht, sondern um Strukturelemente – Wochenrhythmen (die keine astronomische Grundlage haben), Monatsnamen und -längen, die Gestalt des Jahres – besteht Potenzial, sich von anderen abzugrenzen, Minoritäten auszugrenzen oder die eigene Identität polemisch herauszustellen, gewissermaßen das kalendarische Tischtuch zu zerschneiden. Beobachten lässt sich das in der Konkurrenz der vielen, oft nur minimal unterschiedlichen Kalender griechischer Städte im 1. Jahrtausend vC, beobachten lässt sich das auch in jüdischen Gruppierungen hellenistischer Zeit, die mit 364- oder 365-Tage-Kalendern operieren, wie das etwa in Qumran (4QMMT) der Fall war. Die technische Nähe zu dem Kalender, der sich dann mit dem Imperium Romanum im ganzen Mittelmeerraum als Messlatte durchsetzt und auch Basis des spätantiken christlichen Kalenders wird, dem Julianischen römischen Solar-Kalender, wird in der Folgezeit unter jüdischen, zumal rabbinischen Gruppen wie auch bei anderen Minderheiten, etwa in Gallien, zu einem Identitätsproblem. Der Wunsch nach anti-imperialer wie später anti-christlicher Abgrenzung führt zu einem Rückgriff auf Lunisolar-Kalender, die wieder aufwändig den Ausgleich von Mondmonaten und Sonnenjahr suchen. Gerade Kalender ermöglichen die Entstehung umfassender Binnenkulturen, die an der Stelle ansetzen, an der der Gewinn des Kalenders zuallererst zu suchen ist: an der übergreifenden Koordination gesellschaftlichen Handelns. ■

Lesetipp
• Jörg Rüpke, **Zeit und Feste: Kulturgeschichte des Kalenders**, s. Büchertipps S. 54

Prof. Dr. Jörg Rüpke lehrt Religionswissenschaft am Max-Weber-Kolleg der Universität Erfurt. Neben vielen Forschungsarbeiten zur Geschichte des Kalenders und der antiken Festzeiten sind zuletzt von ihm erschienen *Religiöse Erinnerungskulturen: Formen der Geschichtsschreibung in der römischen Antike* und *Von Jupiter und Christus: Religionsgeschichte in römischer Zeit*.

Astronomische Uhren

Der Kosmos als riesige Räderuhr

Auf mehreren Scheiben zeigen astronomische Uhren die Stände von Sonne, Mond und Planeten. Sie führten den Menschen die überwältigende Ordnung der Schöpfung vor Augen. **Von Günther Oestmann**

Astronomische Uhr, Straßburger Münster, 1353, Kupferstich von Isaak Brunn 1617.

Drehbare Scheibe, auf der sich Christus und der Tod gegenüberstehen. Christus trat aus der linken Gehäuseöffnung hervor, drehte sich mit Segensgestus gegen den Betrachter und bewegte sich auf den gleichzeitig zurückweichenden Tod zu. Daraufhin wich Christus zurück, und der Tod schlug mit seinem Knochen die Stundenglocke an.

Statuen der vier Lebensalter auf einer beweglichen Scheibe, welche die Viertelstunden schlagen.

Zifferblatt für die Mondphasenanzeige und das Mondalter.

Astrolabzifferblatt (Durchmesser 2,2 m) mit Ekliptikring und Zeigern für Sonne, Mond, Mars und Saturn, wobei die Zeiger von Merkur und Venus mit dem Sonnenzeiger umlaufen. Die mechanische Darstellung der Planetenumläufe ist entschieden copernicanisch inspiriert. In den Zwickeln des Astrolabiums sind die vier Lebensalter, Jahreszeiten und Temperamente dargestellt.

Viertelstundenzifferblatt mit zwei Engelsfiguren, die Sanduhr und Zepter bewegten.

Öffnung, in der der jeweilige Tagesregent (Planet) auf einem Wagen erscheint.

Kalenderscheibe für 1573–1673 mit Indexfiguren von Diana und Apoll und einer Bildtafel mit der Karte Deutschlands im Zentrum. In den Zwickeln des quadratischen Feldes Personifikationen der vier Weltreiche.

Tafeln mit Angaben von Sonnen- und Mondfinsternissen für die Jahre 1573–1605.

Himmelsglobus Das Räderwerk war durch einen kupfergetriebenen Pelikan – Symbol der Auferweckung durch das Opfer Christi – verdeckt.

Ausführlichere Erläuterung zu den weiteren Elementen der Uhr auf www.weltundumweltderbibel.de › Heft 4/14

Dass Zeit etwas mit den Bewegungen am Himmel zu tun hat, ist angesichts überall verfügbarer Uhren und Computer kaum mehr im Bewusstsein. An den monumentalen Uhren des Mittelalters und der Renaissance sind die astronomischen Grundgegebenheiten der Zeitbestimmung und -einteilung veranschaulicht worden. Auch in unserem hoch technisierten Zeitalter geht von diesen Uhren immer noch eine eigentümliche Faszination aus. Neben der oft prachtvollen, symbolisch aufgeladenen Gestaltung mag dazu auch die Tatsache beitragen, dass deren Anzeigen mysteriös und völlig undurchschaubar erscheinen. Oft tritt die eigentliche Zeitanzeige von Stunden und Minuten zugunsten einer Vielzahl astronomischer und astrologischer Indikationen zurück. Die Vorgeschichte derartiger Modelle des Kosmos lässt sich bis in das Altertum zurückverfolgen, und aus dem arabisch-islamischen Kulturbereich ist die Existenz von zahlreichen monumentalen Wasseruhren mit Automatenwerken und astronomischen Indikationen belegt. Obwohl die Kunde von der hochstehenden orientalischen Uhrentechnik vereinzelt nach Europa gelangt ist, lässt sich mangels Quellen nur vermuten, welchen Einfluss islamische Technologie auf die Entwicklung in Europa hatte. Zwischen 1322 und 1325 entstand in der Kathedrale von Norwich eine große Uhr mit Zifferblatt, Glockenspiel und einer Prozession von Mönchsfiguren. Die astronomische Uhr von Cambrai (1349) zeigte bewegliche Bilder und einen Kalender. 1352/54 wurde die erste Uhr des Straßburger Münsters erbaut, von der nur noch der eiserne Hahnenautomat erhalten ist. Über Zugstangen in den Beinrohren hob er den Kopf, breitete die Flügel aus und ließ dreimal am Tag einen Hahnenschrei ertönen, der mittels eines Blasebalgs erzeugt wurde.

In der Blütezeit der monumentalen astronomischen Uhren benutzte der Philosoph und Bischof von Lisieux, Nicole Oresme, im Jahre 1377 als Erster die Uhrenmetapher: Er betrachtete den Kosmos als riesige Räderuhr, deren Räder nach genau vorherbestimmtem Plan ineinandergreifen und von Gott in Gang gesetzt worden war. Der Bau einer solchen Uhr lässt sich durchaus mit den Spitzenerzeugnissen heutiger Technologie vergleichen. Man benötigte einen fähigen Konstrukteur, und es mussten kompetente, zum Teil hoch spezialisierte Handwerker gefunden werden. Nicht zuletzt war der Einsatz erheblicher finanzieller Mittel erforderlich; so gab die Stadt Olmütz für die Neugestaltung der astronomischen Uhr am Rathaus im Zeitraum von 1570 bis 1575 eine Summe aus, die etwa einem Sechstel des jährlichen Budgets entsprach.

Der Aufbau der Uhren

Astronomische Uhren sind in der Regel dreiteilig aufgebaut: Unten befindet sich eine drehbare Kalenderscheibe, darüber das astronomische Zifferblatt, und bekrönt wird das Ganze von Automatenfiguren.

Das astronomische Zifferblatt besteht entweder aus mehreren konzentrischen Scheiben oder ist in Form eines Astrolabiums mit einem drehbaren Tierkreis sowie Zeigern für die Bewegung von Sonne und Mond ausgeführt. In seltenen Fällen kommen auch Zeiger für sämtliche sieben Planeten vor, die komplizierte Getriebelösungen voraussetzten.

Eine astronomische Uhr stellte auch für die Menschen früherer Zeiten in erster Linie eine Sehenswürdigkeit dar. Sie war das komplizierteste Produkt menschlicher Kunstfertigkeit, das man sich vorstellen konnte. An Rathäusern trugen astronomische Uhren zum Prestige der Stadt bei, in sakralem Kontext vergrößerte die Existenz eines derartigen Kosmosmodells die Bedeutung des Kirchengebäudes. Schon die gewählten Aufstellungsorte lassen darauf schließen: Öfters diente der Chorumgang als Standort (etwa in Münster, Stralsund, Rostock, Wismar und Lübeck), doch wurden astronomische Uhren auch in den Querschiffen errichtet, was beispielsweise in Danzig, Frankfurt am Main, Osnabrück und Straßburg der Fall ist.

Der Theologe und Kunsthistoriker Joseph Sauer (1872–1949) hat einmal sehr treffend von der Kirche als „dem eigentlichen Museum des Mittelalters" gesprochen. Dort konnte man (etwa in den Kathedralen von Chartres, Laon, Reims und St. Denis) Kuriositäten wie Straußeneier, Walrippen, ausgestopfte Krokodile, Narwalzähne, Greifenklauen, Schlangen- und Mammutzähne, Meteoriten, antike Vasen und Kameen bewundern. Auch die astronomischen Uhren mit ihren Figurenautomaten gehörten zu derartigen *mirabilia*, die das Volk anlocken und die Bedeutung des Kirchengebäudes aufwerten sollten. So hatte 1407 das Domkapitel von Chartres eine Uhr in der erklärten Absicht errichten lassen, um die Autorität der Kirche zu mehren und durch spektakuläre Werke die Menschen anzulocken. Astronomische Uhren dienten aber auch der repräsentativen Zurschaustellung von Macht und Reichtum der Auftraggeber. So wird über nahezu jede berühmte Uhr die Legende kolportiert, wonach der Erbauer nach Vollendung des Werkes geblendet worden sei, damit er nicht etwa andernorts etwas noch Wunderbareres hätte schaffen können.

Eine nicht zu unterschätzende Motivation beim Bau von astronomischen Uhren stellte die Astrologie dar. Mithilfe des Astrolabzifferblattes ließen sich beispielsweise der Aszendent (der zum Geburtszeitpunkt aufgehende Grad des Tierkreises am Horizont) und die Begrenzungen der 12 Häuser direkt ablesen. Der 1574 vollendete Neubau der Straßburger Münsteruhr war von der Grundidee her astrologisch inspiriert.

Mit der Entwicklung der neuzeitlichen Wissenschaft und einer mechanistischen Betrachtungsweise der Natur im 17. Jh. verloren die astronomischen Uhren zunehmend an Bedeutung, zumal auch die Astrologie ihren einstmals respektablen Status einbüßte. Diese Epoche bot komplexen symbolischen Deutungen oder gar astrologischem Gedankengut kaum mehr Raum, und die Funktion der Uhr reduzierte sich auf die Messung eines linearen und neutralen Kontinuums. Im Zeitalter der Aufklärung hatte man schließlich allenthalben nur noch spöttische Bemerkungen für die großen astronomischen Uhren mit ihrem „Puppentheater" übrig. Ihre Werke wurden nicht mehr oder nur noch unzureichend gewartet und verfielen. Im 19. Jh. erfolgten in zahlreichen Fällen brachiale Modernisierungen, indem man die Gehäuse „entkernte", moderne Turmuhrwerke einbaute und die Zifferblätter veränderte. So sind nur in ganz seltenen Fällen (etwa in Stralsund) astronomische Uhren in ihrem weitgehend originalen Zustand erhalten geblieben. ■

PD Dr. Günther Oestmann lehrt Wissenschaftsgeschichte an der TU Berlin mit Schwerpunkt wissenschaftliche Instrumente und Uhren, Astronomie und mathematische Geografie – und ist zudem Uhrmachermeister.

Rund 600 Jahre nach dem Ereignis wurde die Geburt Jesu zur „Zeitenwende". Die Kirche interpretierte sie als Inkarnation Gottes, nach der die Zeit eine neue Qualität erhalten hat. Anbetung des Kindes, Werkstatt von Pieter Brueghel d. Jüngeren (1564–1638), Privatbesitz.

Die Gestirne und die christlichen Feste

Die Berechnung des Geburtsjahres Christi

Die großen Feste der Religionen richten sich nach Sonne und Mond. Das gilt auch für das Christentum. Bei der Berechnung des Geburtsjahres Jesu werden historische Angaben in den Evangelien mit ausgeklügelten astronomischen Berechnungen kombiniert. So bestimmen auch im 21. Jahrhundert die Gestirne die großen Festtermine – und unsere Zeitrechnung.

Von Georg Röwekamp

*„Im Jahr 5199 seit Erschaffung der Welt,
im Jahr 2957 seit der Sintflut,
im Jahr 2015 seit Abrahams Geburt,
im Jahr 1510 seit Moses und dem Auszug des Volkes Israels aus Ägypten,
im Jahr 1032 seit der Salbung Davids zum König,
in der 65. Jahreswoche nach der Weissagung Daniels,
in der 194. Olympiade,
im Jahr 752 seit der Gründung Roms,
im 42. Jahr der Regierung des Octavianus Augustus,
da auf der ganzen Erde Friede war,
im 6. Weltzeitalter wollte Jesus Christus, ewiger Gott und Sohn des ewigen Vaters, die Welt durch seine gnadenvolle Ankunft heiligen ..."*

So begann bis zum 2. Vatikanischen Konzil der Text des sogenannten *Martyrologium Romanum* zum 25. Dezember, das für alle Tage des Jahres die Gedenktage auflistet. Der Eintrag zum Weihnachtsfest „verortet" die Geburt Jesu eindrucksvoll in der Zeit und setzt die christliche Zeitrechnung, die die Geschichte in eine Zeit vor und eine Zeit nach diesem Ereignis unterteilt, in Beziehung zu anderen Berechnungssystemen. Wie aber kam es zu dieser heute auch in anderen Kulturkreisen gebräuchlichen Zählung der Jahre seit Christi Geburt? Und wie fand man heraus, wann Jesus geboren worden war?

Die Gestirne erlauben seit vorgeschichtlichen Epochen, die Zeit in sich wiederholende Zyklen zu gliedern: Tag, Monat, Jahr. Nach biblischer Überzeugung sind die Gestirne sogar (nur) deshalb geschaffen: *„Sie sollen Zeichen sein und zur Bestimmung von Festzeiten, von Tagen und Jahren dienen"* (Gen 1,14). Tatsächlich: In der Frühzeit des biblischen Volkes sind „Neumondfest" und „Sabbat" – Letzterer ursprünglich möglicherweise das Vollmondfest – die beiden regelmäßig, das heißt jeden Mond/Monat wiederkehrenden Feiertage (vgl. Am 8,4f). Das wichtigste Fest, Pesach, wird von der Bibel genau terminiert: *„Dieser Monat (der Frühlingsmonat Nisan) soll die Reihe eurer Monate eröffnen"* (Ex 12,1) – und am Abend des 14. Tages, wenn in der Nacht der Vollmond scheint, sollen die Lämmer geschlachtet werden (vgl. Ex 12,6). An solch einem 14. Nisan, einem Freitag, ist vermutlich auch Jesus gekreuzigt worden; am darauffolgenden Sonntag ist er den Jüngerinnen und Jüngern erschienen. Dies feiern die Christen seitdem jedes Jahr – und zwar wie die Juden – orientiert am Lauf des Mondes (siehe S. 51 „Der Osterfeststreit").

Jesu Geburt wird zur Zeitenwende

Auch die Festlegung des Geburtstages Jesu, also des jährlich wiederkehrenden Weihnachtsfestes, erfolgte mithilfe der Gestirne – in diesem Falle in Anknüpfung an den Stand der Sonne: Zur Wintersonnenwende, wenn sie am tiefsten stand (nach römischer Tradition am 25. Dezember), feierte man in Rom seit dem 3. Jh. nC das Fest des *Sol invictus*, des „unbesiegten Sonnengottes". Die Bibel hatte kein Geburtsdatum Jesu überliefert – was lag da näher, als an diesem Tag die Geburt der „wahren Sonne" zu feiern? Zwar gab es im Osten des Reiches auch die Tradition einer Feier am 6. Januar, doch wurde dieses Fest im Zuge der Vereinheitlichung des Festkalenders zum Epiphaniefest.

So weit folgt auch der christliche Festkalender der Tradition fast aller Religionen, heilsame Ereignisse zyklisch zu vergegenwärtigen – wie im Judentum hat sich lediglich der Akzent von der Wiederholung *mythischer* Ereignisse (z. B. der Weltschöpfung) in Richtung auf die Vergegenwärtigung *historischer* Ereignisse verschoben. Die fortwährende Erinnerung an das Jahr der Geburt Jesu, an den einmaligen Geburtstag, und die Zählung der Jahre von diesem Ereignis an geht jedoch einen Schritt weiter: Hier „siegt" die Überzeugung, dass die Weltgeschichte einen Höhepunkt hat und seit *diesem* Ereignis qualitativ eine andere ist, über die Vorstellung eines Verlaufs, der von zyklischer Wiederholung geprägt ist.

Grundlage der ersten Überlegungen zum konkreten Geburtsjahr Jesu sind selbstverständlich die Aussagen der Bibel: Matthäus und Lukas berichten, dass die Geburt zu Lebzeiten des Herodes erfolgte. Matthäus weiß zudem von einem Stern, der die Geburt Jesu ankündigt und begleitet. Und Lukas erzählt nicht nur von der Volkszählung unter Augustus und dem Statthalter Quirinius, sondern auch, dass Jesus „ungefähr dreißig Jahre alt" war, als er sich von Johannes taufen ließ, der im 15. Jahr des Kaisers Tiberius berufen wurde (Lk 3,23).

Aufgrund dieser Angaben schloss Klemens von Alexandrien im 2. Jh. nC, dass man die Geburt Jesu 15 Jahre vor dem Tod des Augustus ansetzen müsse: Zu den 15 Jahren des Tiberius

> Die Jahreszahlen in der Ostertafel wurden mit Bezug auf den Regierungsantritt des Kaisers Diokletian gezählt. Dies schien dem Mönch Dionysius Exiguus unpassend

seien 15 Jahre des Augustus hinzuzurechnen. Im 4. Jh. datierte der Kirchenhistoriker Eusebius die Geburt sogar noch genauer: Ihm zufolge geschah sie im 42. Jahr des Augustus und 28 Jahre nach dem Tod von Antonius und Kleopatra, nach unserer Zeitrechnung 3 oder 4 vC. Und 4 vC ist auch das Todesjahr des Herodes. Allerdings datiert Eusebius auch die Volkszählung unter Quirinius in dieses Jahr – dabei hat diese vermutlich erst im Jahr 6 nC stattgefunden, als die Provinz Judäa nach der Absetzung des Herodes-Sohnes Archelaus einem römischen Statthalter unterstellt wurde. Von dieser „Schätzung" im 37. Jahr nach der Schlacht von Actium berichtet auch der jüdische Historiker Josephus Flavius in seinen *Jüdischen Altertümern*.

Die Tatsache, dass die tatsächliche Geburt Jesu „vor Christus" zu datieren ist, hängt jedoch damit zusammen, dass der Weg zu dieser Zählweise ein ganz anderer war:

Ostern nach dem jüdischen Mondkalender

Von Anfang an standen die Christen im Römischen Reich vor der Aufgabe, den jüdischen Mondkalender, der für die jährliche Osterfeier maßgebend war, mit dem „bürgerlichen" römischen Sonnenkalender zu koordinieren. In Alexandria, dem damaligen Zentrum der Wissenschaft, teilte deshalb ab der Mitte des 3. Jh. der Bischof den ihm untergebenen Bischöfen das Datum jeweils nach Epiphanie in einem „Osterfestbrief" mit. Später entstanden sogenannte „Ostertafeln", die den Termin für mehrere Jahre im Voraus berechneten.

Dabei nutzte man die Kenntnisse des griechischen Astronomen Meton, der schon im 5. Jh. vC herausgefunden hatte, dass nach jeweils 19 Jahren die Mondphase und das Kalenderdatum wieder übereinstimmen (*Metonischer Zyklus*). Da aber die Zahl der Tage eines Jahres (365 oder 366) nicht durch 7 teilbar ist, fällt dieses Datum dann nicht auf den gleichen Wochentag. Die Übereinstimmung von Wochentag und Datum erfolgt in einem Zyklus von 28 (7 x 4) Jahren. Davon ausgehend, errechnete im 5. Jh. nC der alexandrinische Astronom Anianos, dass ein Zyklus, nach dem Mondphase, Datum und Wochentag sich immer exakt wiederholen, 532 Jahre dauert (19 x 28).

Im Jahr 525 erhielt nun der Mönch Dionysius Exiguus, der aus dem Bereich der unteren Donau stammte, in Rom wirkte und dank seiner hervorragenden Sprachkenntnisse ein wichtiger Vermittler von östlichem Gedankengut Richtung Westen wurde, von Papst Johannes I. den Auftrag, eine Ostertafel für die kommenden Jahre zu erstellen. Ihm lagen die Tafeln des alexandrinischen Patriarchen Kyrill vor, die dieser für 95 Jahre (fünf metonische Zyklen) erstellt hatte – für die Jahre 437–531. Natürlich hatte er die nicht mit diesen Jahreszahlen gezählt, sondern – wie in Ägypten üblich – mit Bezug auf den Regierungsantritt des Kaisers Diokletian. Die Tafeln galten also für die Jahre 153–247 „nach Diokletian".

Dies schien aber dem Dionysius unpassend. In einem „Libellus", den er seinen neuen Ostertafeln beifügte, schrieb er: *„Da der erste Zyklus des heiligen Kyrill im Jahr 153 nach Diokletian beginnt und im Jahr 247 endet, ... wollten wir*

Vollmond über der Judäischen Wüste. Der Vollmond bestimmte den Termin des jüdischen Pesachfestes.

DER OSTERFESTSTREIT: FESTBERECHNUNG NACH DEM MOND

Die Uhr des christlichen Festzyklus/Jahreskreises „geht (teilweise) nach dem Mond": Da Jesus vermutlich am Vortag des jüdischen Pesachfestes, an einem 14. Nisan, am Tag des ersten Frühlingsvollmondes, gekreuzigt wurde, orientiert sich auch das christliche Osterfest grundsätzlich am ersten Vollmondtag des Frühlings. (Dass der 14. Nisan auf unterschiedliche Tage des Sonnenjahres fällt, hängt mit der Tatsache zusammen, dass das Mondjahr um circa 10 Tage kürzer ist als das Sonnenjahr, was der jüdische Kalender durch die Einfügung eines „Schaltmonats" alle drei Jahre ausgleicht, der dann alle Feste des Folgejahres um etwa 30 Tage verschiebt.)
Doch gab es für die frühen Christen bald folgende Frage: Sollte Ostern, das christliche Pascha (noch wurde nicht unterschieden zwischen Karfreitag und Ostern), gefeiert werden in der Nacht vom 14. auf den 15. Nisan oder in der Nacht zum darauffolgenden Sonntag, d. h. am ersten Tag der Woche, an dem der Auferstandene erschienen war und an dem man jede Woche das „kleine" Gedächtnis von Ostern feierte? Für beides gab es Argumente, und so setzten sich in unterschiedlichen Regionen unterschiedliche Bräuche durch: In Kleinasien feierte man am 14. Nisan, in Rom am Sonntag danach. Viktor I., Bischof von Rom, versuchte um 190 alle Kirchen auf den römischen Brauch festzulegen und bekämpfte die sogenannten „Quartodezimianer".
Der Versuch scheiterte, und erst ein Beschluss des Konzils von Nicäa (325) regelte die Frage des Osterfeststreits allgemein verbindlich: Ostern sollte in Zukunft immer am Sonntag nach dem ersten Frühlingsvollmond gefeiert werden (wobei der Frühlingsanfang entsprechend dem Sonnenkalender auf den 21. März festgelegt wurde), aber

Dreimal Weihnachten in Betlehem:
Dass in Betlehem heute dreimal Weihnachten gefeiert wird (am 25.12., am 7.1. und am 18.1.), hängt mit unterschiedlichen Kalendern und Traditionen der christlichen Konfessionen zusammen: Am 25. Dezember feiern die Katholiken nach dem heute allgemein gültigen „Gregorianischen Kalender" Weihnachten. Am 7. Januar folgen die Orthodoxen, die im kirchlichen Bereich noch den „Julianischen Kalender" nutzen, demzufolge an diesem Tag erst der 25. Dezember ist. Den gleichen Kalender verwenden die armenisch-orthodoxen Christen, die jedoch Weihnachten erst am 6. Januar nach Julianischem Kalender feiern: Sie haben die Vereinheitlichung der beiden frühchristlichen Weihnachtsfeste nicht mehr mitvollzogen. *(G. R.)*

Griechisch-orthodoxe Priester
warten auf das Eintreffen des Patriarchen an Weihnachten auf dem Krippenplatz vor der Geburtskirche in Betlehem.

Ostertafel
aus Ravenna, die die Osterfestdaten der Jahre 532–626 angibt. Aus den Ringen mit Angaben zu Mond- und Sonnenzyklen kann man das Datum berechnen. Marmor, 6. Jh., Ravenna, Museo Arcivescovile.

Die „Richtigkeit" der Einteilung der Weltgeschichte in eine Zeit vor und nach Christus hängt an der Frage, ob die Zeit seitdem wirklich eine andere ist unseren Zyklus nicht mit der Erinnerung an diesen Gottlosen und Christenverfolger verbinden, sondern haben es vorgezogen, die Zeit nach Jahren seit der Geburt unseres Herrn Jesus Christus zu notieren, damit der Anfang unserer Hoffnung uns vertrauter werde und die Ursache der Wiederherstellung der Menschheit, nämlich das Leiden unseres Erlösers, klarer hervortrete."

Er lässt also mit dem Jahr 248 nach Diokletian nicht nur einen neuen Zyklus von 532 Jahren beginnen (er setzt damit die Erkenntnisse des Anianos um), sondern „nummeriert" diese Jahre nun nach Christi Geburt und zählt sie als *anni Iesu Christi*. Dabei geht er jedoch einen „Umweg" über die Datierung des Todes und der Auferstehung Jesu: Im 32. Jahr seines neuen Zyklus (Jahr 279 nach Diokletian) fällt Ostern auf den 25. März (die Tag-und-Nacht-Gleiche nach römischer Tradition). Dieses Datum gilt ihm als historisches Osterdatum (siehe S. 51 „Der Osterfeststreit"). Deshalb muss für ihn die Auferstehung 532 Jahre früher datiert werden: In diesem Jahr fiel der Ostersonntag ebenfalls auf einen 25. März. Geht man von diesem Jahr 31 Jahre zurück (das war für ihn die Lebenszeit Jesu: 30 Jahre bis zur Taufe + 1 Jahr öffentliches Wirken), erhält man das Geburtsjahr Jesu. Von diesem nun als Ausgangspunkt festgelegten Jahr aus ergibt sich, dass Jesus im Jahr 31 gekreuzigt wurde und auferstand. Das Jahr, in dem Ostern wieder auf den 25. März fällt, ist das Jahr 563 und das erste Jahr des neuen Zyklus folglich das Jahr 532 (563 minus 31).

Diese Rechnung nach Christi Geburt setzte sich in der Folge langsam durch. Während sie zunächst nur von *Computisten*, also von den Wissenschaftlern, die das Osterfest berechnen, genutzt wurde, war es der englische Gelehrte Beda Venerabilis (672–735), der ihr zum Durchbruch verhalf: In seiner *Geschichte der englischen Kirche* datierte er Ereignisse konsequent nach dieser Methode – und weitete die Zählweise auch auf „vorchristliche" Ereignisse aus (beispielsweise die Ankunft Cäsars in England „60 Jahre vor der Inkarnation des Herrn"). Durch die angelsächsische Mission und die Ausstrahlung angelsächsischer Bildung fand sie dann auch auf dem Kontinent immer weitere Verbreitung und setzte sich schließlich selbst in Rom durch, wo die päpstliche Kanzlei allerdings noch lange nach den Regierungsjahren der Päpste zählte.

Neue Probleme tauchten ab dem 13. Jh. auf, als Weltchroniken vermehrt ein chronologisches Gerüst der gesamten Geschichte aufzubauen versuchten. Zwar setzte sich das „inkarnatorische Prinzip" in diesem Zusammenhang immer mehr durch, da konkurrierende Modelle (wie die Zählung seit Erschaffung der Welt) keinen verlässlichen Ausgangspunkt (mehr) boten, aber es stellte sich heraus, dass das von Dionysius mit seiner Methode errechnete Datum der Geburt Christi vier Jahre nach dem Tod des Herodes lag. Und dass Jesus zu dessen Lebzeiten geboren worden war, daran ließ der biblische Text keinen Zweifel.

Die Suche nach einem Kometen oder einer Konjunktion

Mit den Fortschritten der Astronomie bot sich zudem ein Weg an, das Geburtsdatum Jesu auch mit deren Hilfe (näher) zu bestimmen. Der von Matthäus erwähnte Stern wurde z. B. mit einer Konjunktion von Jupiter und Saturn identifiziert – die beiden Sterne wurden im Mittelalter auch von Juden mit dem Kommen des Messias in Verbindung gebracht. Johannes Kepler beobachtete dann zu seiner Zeit diese Konjunktion und errechnete, dass eine solche auch im Jahr 7 vC stattgefunden hatte. Da gleichzeitig eine Supernova zu sehen war, deren Licht Kepler für eine Begleiterscheinung der Planetenkonjunktion hielt, und da er annahm, dass dieses Phänomen auch im Jahr 7 vC zu beobachten gewesen war, stand für ihn fest, dass diese Konjunktion der Stern von Betlehem war und die Geburt Jesu in dieses Jahr zu datieren sei

Nun ist aber unklar, ob die biblische Erzählung überhaupt auf einen konkreten Stern oder Kometen Bezug nehmen will oder ob nicht – wenn sie dies tut – Erinnerungen an ein außergewöhnliches Ereignis, das nur ungefähr in die Zeit der Geburt Jesu fiel (wie die Volkszählung unter Quirinius) nachträglich mit diesem Ereignis in Verbindung gebracht wurde.

Heutige Datierungen der Geburt Jesu gehen am ehesten – wieder – von den biblischen Angaben aus: So datiert man das Auftreten des Täufers Johannes auf 27/28 nC (dies ist das 15. Jahr des Tiberius, wenn man zwei Jahre als Mitregent des Augustus mitzählt), den Tod Jesu auf Freitag, den 7. April 30 (dies war ein 14. Nisan, der Vortag des Pesachfestes, was der Chronologie des Johannesevangeliums entspricht), und seine Geburt auf die letzten Lebensjahre des Herodes. Mehr Sicherheit ist historisch nicht zu gewinnen.

Doch hängt die „Richtigkeit" der Einteilung der Weltgeschichte in eine Zeit vor und nach Christus ohnehin nicht am exakten Datum, sondern eher an der Frage, ob die Zeit seitdem wirklich eine andere ist. Im Glauben daran, dass sich das zumindest für Christen so verhält, formuliert das erneuerte Martyrologium zum 25. Dezember, der übrigens im Frühmittelalter auch als erster Tag jedes neuen Jahres galt:

„Milliarden Jahre waren vergangen, seit Gott im Anfang Himmel und Erde geschaffen; Millionen Jahre, seit er den Menschen gebildet; Jahrtausende seit der großen Flut; 1500 Jahre, seit Mose das Volk Israel aus Ägypten herausgeführt; 1000 Jahre seit der Salbung Davids zum König. In der 65. Jahrwoche nach der Weissagung Daniels; in der 194. Olympiade; 752 Jahre nach Gründung der Stadt Rom: im 42. Regierungsjahr des Kaisers Octavianus Augustus, als auf dem ganzen Erdkreis Friede war; im sechsten Zeitalter der Welt; vor 2000 Jahren: Da wollte Jesus Christus, ewiger Gott und Sohn des ewigen Vaters, Gott von Gott und Licht vom Licht, die Welt heiligen durch seine liebevolle Ankunft. ... Heute feiern wir den Tag seiner Geburt, das hochheilige Weihnachtsfest. ..." ∎

Lesetipps

- Anna-Dorothee von den Brincken, **Historische Chronologie des Abendlandes. Kalenderreformen und Jahrtausendberechnungen**, Stuttgart 2000.
- Hans Maier, **Die christliche Zeitrechnung**, Freiburg 1991.

Dr. Georg Röwekamp ist theologischer Leiter und Geschäftsführer von Biblische Reisen in Stuttgart, Buchautor und derzeit beschäftigt mit der Übersetzung des *Onomastikon* des Eusebius.

BÜCHERTIPPS

Geschichte der Astrologie
Ein sehr verständlicher, kenntnisreicher und sachlicher Zugang zu einem Phänomen, das unsere Kulturgeschichte geprägt hat: dem Phänomen der Astrologie als Technik der Zeitdeutung. Der Bogen des historischen Überblicks spannt sich über 3000 Jahre, beginnend bei den mesopotamischen Sternbeobachtungen über die wissenschaftliche Revolution mit dem sich durchsetzenden mechanistischen Weltbild bis heute. Der Autor gibt religionswissenschaftliche Anregungen für einen angemessenen Umgang mit der Astrologie jenseits empirischer Verfikationen. Vor einem konstruktivistischen Hintergrund kann Astrologie der biografischen Arbeit dienlich sein.
Kocku von Stuckrad, Geschichte der Astrologie. Von den Anfängen bis zur Gegenwart, C. H. Beck 2007, 413 S., ISBN 978-3-406-54777-5, 14,90 EUR.

Zeit und Fest
Der Leipziger Religionshistoriker sensibilisiert die Leserinnen und Leser dafür, dass unser Leben durch Kalender rhythmisiert ist: Er geht an die historischen Anfänge zurück, erläutert, wie Mond- und Sonnenkalender entstanden, wo Kalender den Alltag mit seinen gesellschaftlichen Verpflichtungen zu organisieren halfen, aber auch, wo die Göttern nach ihren Kultzeiten verlangten. Herrschaft über den Kalender bedeutete in der Geschichte immer auch Macht und Kontrolle über gesellschaftliche Abläufe. Dieser Band erzählt – wie auch weitere Bücher von Jörg Rüpke – quer durch die Räume und Zeiten komplexe Zusammenhänge unterhaltsam für ein wissenschaftlich interessiertes Publikum – mit überraschenden, lebendigen Beispielen aus den Quellen.
Jörg Rüpke, Zeit und Fest. Eine Kulturgeschichte des Kalenders, C. H. Beck 2006, 256 S., ISBN 978-3-406-54218-3, 9,95 EUR.

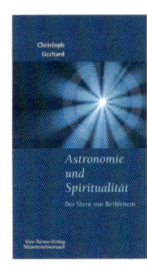

Astronomie und Spiritualität
Unaufdringlich schildert der Benediktinerpater Christoph Gerhard seine Erfahrungen am Teleskop und wie er sein astronomisches Wissen mit seiner monastischen Spiritualität vereint. Besonders die schöpfungstheologischen Erwägungen laden ein, die moderne Kluft zwischen Naturwissenschaft und Glaubenserfahrung zu reflektieren.
Christoph Gerhard, Astronomie und Spiritualität. Der Stern von Betlehem, Vier-Türme-Verlag Münsterschwarzach 2008, ISBN 978-3-89680-382-5, 107 S., 7,90 EUR

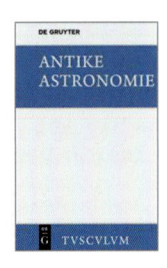

Antike Astronomie: Quellentexte von Hipparchos, Ptolemaios ...
Der Band ist im Jahr 1949 erstmals erschienen und bietet astronomische Texte von Homer über Aristoteles und Hipparchos bis zu Plinius, Kopernikus und Kepler im griechischen oder lateinischen Originaltext mit Übersetzung. Im Anhang findet sich eine nach Themen geordnete Einführung (u. a. Kugelgestalt der Erde, Form des Himmelsgewölbes, Sternwarten und Geräte, Göttlichkeit der Gestirne) sowie Informationen zu den Persönlichkeiten, die oft auch Philosophen oder Mathematiker waren. Nichts bringt die Überlegungen unserer Vorfahren zu ihrem Weltbild und der Verankerung des Menschen im Kosmos so nahe, wie ihre eigenen Worte.
Heinrich Balss, Antike Astronomie, Nachdruck der Ausgabe von 1949, de Gruyter, 312 S., ISBN 978-3-11-036102-5, 49,95 EUR.

Zeitrechnung
Der Autor, Professor für Geschichte des Mittelalters, zeigt in seinem historischen Überblick, wie auf der Grundlage astronomischer Berechnungen in unterschiedlichen Kulturen Kalender erstellt wurden – in Mesopotamien, Ägypten, Griechenland, Rom, in Judentum, Christentum und Islam. Die Zeitrechnungen – beispielsweise die Einteilung in die Siebentagewoche – sind oft religiös aufgeladen. Zeitrechnung, Kalenderbestimmung und die Setzung von Zeitenwenden gehören auch zu den politischen Revolutionen und Identitäten von Gesellschaften, beispielsweise bei der Französischen Revolution.
Thomas Vogtherr, Zeitrechnung. Von den Sumerern bis zur Swatch, 3., durchgesehene Auflage, C. H. Beck 2012, 128 S., ISBN 978-3-406-44763-1, 8,95 EUR.

ZUM WEITERLESEN

Eine interessante Kontroverse:
- Konradin Ferrari d'Occieppo, **Der Stern von Bethlehem in astronomischer Sicht. Legende oder Tatsache**, Brunnen, 4. Aufl. 2003.
- Matthias Albani/Forschungsstelle Judentum an der Theologischen Fakultät Leipzig (Hg.), **Der Stern von Bethlehem in astronomischer Sicht – Legende oder Tatsache? Eine Auseinandersetzung mit Konradin Ferrari d'Occieppos Konjunktionstheorie**, in: Mitteilungen und Beiträge. Bd. 9 (1995) 26-48.

- Jörg Rüpke, **Kalender und Öffentlichkeit: Die Geschichte der Repräsentation und religiösen Qualifikation von Zeit in Rom**, de Gruyter 1995.

- Susanne Galley, **Das jüdische Jahr. Feste, Gedenk- und Feiertage**, C. H. Beck 2003.

- Kocku von Stuckrad, **Das Ringen um die Astrologie: jüdische und christliche Beiträge zum antiken Zeitverständnis**, de Gruyter 2000.

- Wolfgang Hübner, **Zodiacus Christianus. Jüdisch-christliche Adaptationen des Tierkreises von der Antike bis zur Gegenwart**, Franz Steiner Verlag 1983.

- Reimund Leicht, **Astrologumena Judaica. Untersuchungen zur Geschichte der astrologischen Literatur der Juden**, Mohr Siebeck 2007.

- August Strobel, **Weltenjahr, Große Konjunktion und Messiasstern**, in: Aufstieg u. Niedergg. d. röm. Welt II.20.2, 1987, 988–1190.

Weblinks
www.ancient-astronomy.org stellt Forschungsprojekte vor
www.jenseits-des-horizonts.de zur Ausstellung „Raum und Wissen der Kulturen der Alten Welt" von 2012
www.eso.org European Southern Observatory fantastische Teleskop- und Raumsonden-Aufnahmen
www.sternwarte-recklinghausen.de/astronomie/astronomiedidaktik Erklärungen, Grafiken, Unterrichtsmaterial

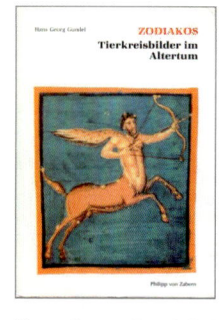

Zodiakos – Tierkreisbilder im Altertum
Der Kunstband besteht aus zwei Teilen. Im ersten wird die Bedeutung des Zodiaks und sein Vorkommen erläutert. Der zweite Teil ist ein Katalog des Gesamtbestandes aller bekannter antiker Darstellungen. Dabei kann man rund 500 Tierkreisdarstellungen auf Mosaiken, Fresken, Münzen, Skulpturen, Handschriften oder Gewändern betrachten. Eine faszinierende Reise durch die Geschichtes eines Motivs, das heute so gegenwärtig ist wie vor Jahrtausenden.
Hans Georg Gundel, Zodiakos – Tierkreisbilder im Altertum. Kosmische Bezüge und Jenseitsvorstellungen im antiken Alltagsleben, Zabern 1992, ISBN 3-8053-1324-1. Der Band ist vergriffen und nur noch antiquarisch und in Bibliotheken verfügbar.

Stern von Betlehem, Magier aus dem Osten: Nachschlagen lohnt sich
In den *Welt und Umwelt der Bibel*-Ausgaben der vergangenen Jahrgänge verbergen sich zahlreiche „Perlen" zu diesen Themen, hervorragende Beiträge, deren erneute Lektüre garantiert gewinnbringend ist:

- Matthias Albani, **Stars und Sterne – der Stern des Messias und die Sterne der Könige**, in: WUB 4/02 „Himmel", 26–33.

- Stefan Schreiber, **Das göttliche Kind – ein politisches Kind. Die Geburtsgeschichten bei Lukas und Matthäus in ihrer griechisch-römischen Umwelt**, in: WUB 4/10 „Kindgötter und Gotteskind", 16–23.

- Tobias Nicklas, **Die Karriere der Weisen. Von den Magiern zu den Heiligen Drei Königen**, in: WUB 4/07 „Weihnachten. Hintergründe einer heiligen Nacht", 24–27.

- ders., **Ein Stern geht auf – über Betlehem? Num 24,17 und der Stern in Mt 2,1-12**, in: WUB 4/07 „Weihnachten. Hintergründe einer heiligen Nacht", 28–31.

Bestellmöglichkeit siehe unten oder Backlist im hinteren Heftteil.

Hinweis
Publikationen aus dem Katholischen Bibelwerk e.V. können Sie bestellen unter
Tel. 0711-6 19 20 50
Fax 0711-6 19 20 77
bibelinfo@bibelwerk.de
www.bibelwerk.de

Hinweis
Alle lieferbaren Bücher können Sie bestellen bei bibelwerk impuls
Tel. 0711-6 19 20 37
Fax 0711-6 19 20 30
impuls@bibelwerk.de
www.bibelwerk.de

Bildrechte
Thinkstock.com 4–5
AKG Titel, 7 oben li, 40
fotolia.com 7 unten li (Perseomedusa), 39 (BasPhoto), 44 oben (petert2)
Fae 7 oben re
Chris Birchill 8
Staubli, Thomas et al., 2003, Werbung für die Götter, Freiburg CH, 85 Abb. 94 11
Thomas Staubli 13a
Keel, Othmar, 2010, Corpus der Stempelsiegel-Amulette aus Palästina/Israel, Band III, Freiburg CH/Göttingen, 4f No 6 13b
Eggler, Jürg/Keel, Othmar, 2006, Corpus der Siegel-Amulette aus Jordanien, Freiburg CH/Göttingen, 254f No 1. 13c
Chmee2 14 oben
Keel, Othmar, 2013, Corpus der Stempelsiegel-Amulette aus Palästina/Israel. Von den Anfängen bis zur Perserzeit, Band IV (OBO.SA 33), Freiburg CH/Göttingen, 166f No 3 14 unten
Eggler, Jürg/Keel, Othmar, 2006, Corpus der Siegel-Amulette aus Jordanien, Freiburg CH/Göttingen, Tawilan No 2 15 oben re
Staubli et al. 2003, Werbung für die Götter, Freiburg CH, 87 Abb. 105 15 oben li
Keel, Othmar, 2007, Die Geschichte Jerusalems und die Entstehung des Monotheismus, Göttingen, 491 No 360 17 oben li
Keel/Schroer, Eva – Mutter alles Lebendigen, 3. Auflage 2010, No 184 17 mitte li
Keel, Gott weiblich, 135 Abb. 30 17 re
Br. Maximilian Grund, P. Christoph Gerhard 18–19, 20–21
Art Archive 24, 52
Cancre 27
Numisbids.com 22–23 oben No. 1–12
Jastrow 23 oben, 23 unten
Sailko 31
Incola 33
Andreas Kickinger/middle-east-images.com 34
WUB-Archiv 36, 3 Mitte, 58 oben
Coinarchives.com 37
P. Lanyi, Israel Museum 30
Juliana Bastos Marques 43 unten
www.saale-unstrut-tourismus.de 44 unten
Yoni Volind Pikiwiki Israel 51
Government Press Office, Photo: Milner Moshe 52
Public domain 7 unten re, 10, 22, 28, 38, 43 oben, 45, 48
Bibleplaces /Todd Bolen 59 unten, 60
Courtesy of Hatay Archaeology Museum 2 oben li
Davida Dagan 3 oben
Directmedia 71 unten
D. R. 68
FineArtImages/Leemage 64–67
Kunsthistorisches Museum Wien 71 li
Martin Wallraff 2 unten
Nasa 70 oben
IAA 2 unten re, 56 (Natalia Zak), 57 (Noga Zeevi)
Palmyra Department of Antiquities 3 unten
RMN 69
Roemer- und Pelizäus-Museum Hildesheim 62, 63
Weltkulturerbe Völklinger Hütte/Wolfgang Klauke 71 oben
Wolfgang Zwickel 72

BIBLISCHE ARCHÄOLOGIE AKTUELL

JERUSALEM

Wann erbauten die Römer „ihr Jerusalem"?

Der Aufstand des Bar Kochba 132–135 nC wurde in der antiken bis modernen Geschichtsschreibung immer wieder mit der Gründung oder dem Bau von Aelia Capitolina, dem „römischen" Jerusalem, verbunden. Strittig bis heute ist die Frage, was den Aufstand konkret ausgelöst hat, wenn dies überhaupt an einem Einzelaspekt festgemacht werden kann.

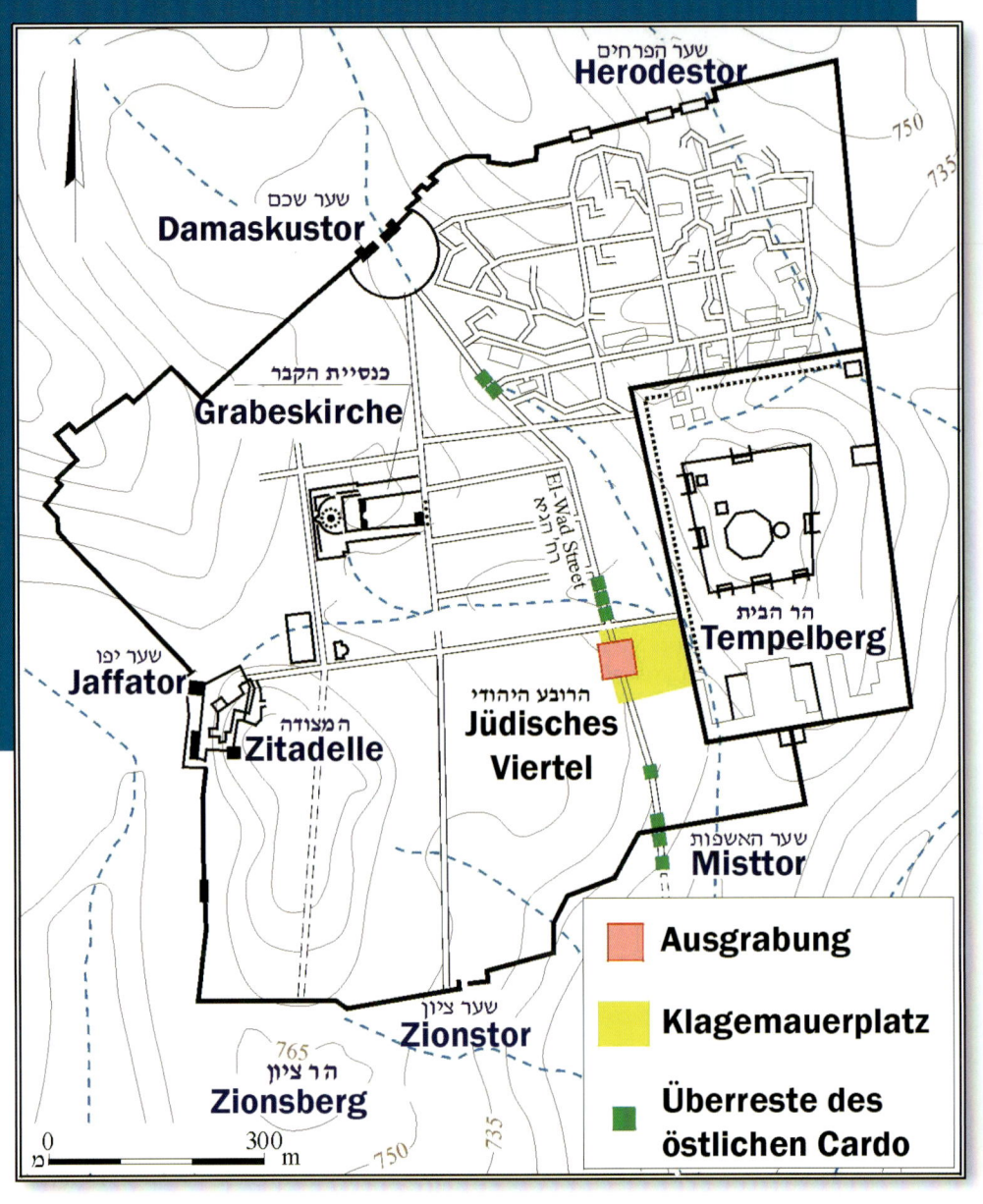

Die Altstadt von Jerusalem mit dem römischen Cardo (grün), dem Platz vor der Klagemauer (gelb) und dem Grabungsareal der Israel Antiquities Authority (rot, s. Bild rechts).

War der Auslöser für den jüdischen Aufstand der Besuch Kaiser Hadrians in Jerusalem 130 nC mit der Absicht, eine neue, römische Stadt (an neuer Stelle) zu gründen? Oder die Absicht, auf dem Tempelberg über der Ruine des Herodianischen Tempels einen Tempel für den römischen Staatsgott Jupiter zu errichten? War es erst der Bau der Stadt selbst oder ging es um das Verbot der Beschneidung? Was passierte zwischen 130 und 132 nC und welche Maßnahmen waren Reaktionen auf den Aufstand und sind folglich erst nach 135 nC zu datieren?

Sicher ist, dass nach der Niederschlagung des Aufstands 135 nC die Provinz Judäa in die Provinz Palästina und Jerusalem in Aelia Capitolina umbenannt wurden und dass der Jupitertempel auf dem neuen römischen Forum, wo heute die Grabeskirche steht, errichtet wurde. Es ist auch unbestritten, dass der Stadtplan der Aelia Capitolina sich bis ins heutige Jerusalem durchzieht. Es gibt sogar die These, es sei dem Bau von Aelia Capitolina zu verdanken, dass Jerusalem als Stadt bis heute existiert.

Die zentrale Frage nach den Gründen für den Aufstand glaubt jetzt Shlomit Wexler-Bdolah von der Israelischen Antikenbehörde in ganz anderer Weise beantworten zu können (Meldungen in Presse und archäologischen Medien seit 2009, dazu jetzt in IEJ 2014 ein erster detaillierter Vorbericht, der mehr Klarheit bringt). Sie leitete zusammen mit A. Onn 2005–2010 die Ausgrabungen des Areals im Westen des Platzes vor der Klagemauer. Das Areal liegt entlang der El-Wad-Straße, die vom Damaskustor herabführt. Durch das Areal verläuft auf 50 m Länge und 5–6 m unter dem heutigen Niveau des Platzes der östliche römische *cardo valensis*, ein Zweig der Hauptstraße der Stadt. Der *cardo* ist mit den Portiken auf beiden Seiten (entgegen der Madeba-Mosaikkarte) 24 m breit. Die Portiken enthielten rückwärtig kleine Geschäfte. Die „Fahrbahn" war 8 m breit. Während das Straßenpflaster aus der Bauphase weitgehend erhalten blieb, stammen die Befunde der seitlichen Bereiche meist aus späterer Zeit. In diesem Areal bot sich den Archäologen die Möglichkeit, die Baugeschichte des *cardo* genauer zu fassen und damit eine Antwort zu geben, wann die Römer Aelia Capitolina erbauten.

Entscheidend ist, was unter dem Pflaster des *cardo* liegt. Bevor die Prachtstraße gebaut werden konnte, musste die beabsichtigte Trasse nivelliert werden. Genauso wichtig war die Verfestigung des Untergrunds. Teile der Straße liegen auf eisenzeitlichen Mauern. Mitten durch einen Steinbruch wurde eine 20 m lange und fast 3 m breite Mauer eingezogen, auf der die Säulen der östlichen Portikus ruhen. Beiderseits der Mauer wurde Schutt aufgefüllt. An anderer Stelle musste dagegen der Felsgrund abgearbeitet werden. Ältere Hangbebauung bzw. Ruinen zerstörter Häuser herodianischer Zeit wurden abgetragen. Im Westen ergab sich eine 11 m hohe Felskante, in die die rückwärtigen Räume der Portikus ausgehauen wurden. Die Funde (Tongefäße, Lampen, Münzen, Glas) zeigen, dass die Keramik dem späten 1. Jh./ frühen 2. Jh. nC zugehört. Ein großer Teil davon stammt aus den Töpfereien der seit 70 nC in Jerusalem stationierten Legio X Fretensis. Aktivitäten dieser Legion sind auch bei anderen Ausgrabungen der Zone nachgewiesen. Für die Feindatierung sind die jeweils jüngsten Funde leitend. Östliche Sigillata A (rot glänzende Keramik aus dem Osten des Reiches) aus der ersten Hälfte des 2. Jh. nC und bestimmte römische Lampentypen, die erst ab dem späten 1. Jh. nC aufkamen, lassen keinen Zweifel daran, dass die Fundkomplexe grob um 100–135 nC zu datieren sind. Neben Münzen von 58/59, 66/67, 67/68 und 86/87 nC ist eine Münze Hadrians (117–138 nC) gefunden worden. Sie ist noch nicht genauer vorgestellt und zeitlich präziser bestimmt worden, spricht aber dafür, die Baumaßnahme in hadrianische Zeit zu datieren, auch wenn die Münze nicht direkt unter dem Pflaster gefunden wurde.

Die römische Straße, der *cardo,* **gründete auf eisenzeitlichen Bauten. Ausgrabungen von 2005 – 2010, deren detailliertere Auswertung 2014 veröffentlicht wurde.**

Hadrianisch ja, aber wann in hadrianischer Zeit?

Einen Befund datiert die Ausgräberin zwischen 70/75 und 125/130 nC und spricht sich dafür aus, dass Hadrian den Bau von Aelia Capitolina gleich nach Herrschaftsantritt beschlossen habe. Der Baubeginn sei noch vor seinem Besuch in Jerusalem um 120–130 nC begonnen worden und nicht erst, wie bisher gedacht, nach 130 oder 135 nC. Das ist denkbar, aber das Jahr 130 nC bildet keinen kunstgeschichtlichen Einschnitt, der es erlaubt, Funde archäologisch eindeutig vor oder nach 130 nC zu datieren. Es käme daher darauf an, die vorgeschlagene Datierung einerseits mit anderen Maßnahmen Hadrians, andererseits mit erfolgten Reaktionen in den Städten nach der Reise Hadrians in den Osten zu vergleichen. Die Neugründung der zivilen Stadt könnte nach B. Isaac dem römischen Brauch verdanken sein, dass die Zahl der *coloniae* der Zahl der im Land stationierten Legionen entsprach; ab Trajan war die Legio II Traiana in Judäa. Das muss aber nicht unmittelbar zur Stadtgründung geführt haben. Diese war auch kein antijüdischer Akt. Zu beachten sind die Münzen, die Hadrian als Gründer der *Colonia Aelia Capitolina* ab 130 nC zeigen, und die entsprechende Aussage des Cassius Dio. Die Spätdatierung 135 nC ist inzwischen durch Münzfunde ausgeschlossen.

Man muss auch wohl andere Ausgrabungskontexte zu Füßen des Tempelbergs und andernorts hinzunehmen: Die direkt benachbarte Brücke mit einem *decumanus* (Hauptstraße, rechtwinklig zum *cardo*), der mit einem Tor oberhalb des Wilsonbogens auf den Tempelplatz führte, wird von Wexler-Bedolah in die hadrianische Zeit nach 130 nC datiert; früher galt die Brücke meist als herodianisch. Zu fragen ist auch nach dem Verhältnis der industriellen Aktivitäten der Legio X Fretensis hier in Relation zur These der Frühdatierung von Aelia Capitolina.

Auf die Annahme der Frühdatierung gründet Wexler-Bdolah die Hypothese: Mit der beginnenden Verwirklichung der Neuanlage von Aelia Capitolina, zu der auch – Cassius Dio folgend – die Planung eines Jupitertempels auf dem Tempelberg gehört habe, hätten die Juden erkannt, wie pagan ihre Stadt aussehen würde. Diese Provokation durch die Römer habe zum Bar-Kochba-Aufstand (132–135 nC) geführt. Ob auf dem Tempelberg je ein Jupitertempel gebaut wurde, scheint nach den Quellen eher fraglich. Die Frage nach der konkreten Ursache für den Aufstand lässt sich aufgrund der Quellenlage nicht eindeutig lösen. Zu den Ursachen dürften die Gründung der Stadt durch Hadrian und ihre Planung aber gehört haben. Ob sie vor 130 oder mit dem Besuch des Kaisers 130 nC erfolgten, steht weiter zur Debatte.

Lag der Fokus archäologischer Projekte bislang auf der „Zeit des Zweiten Tempels" bis 70 nC, auch weil Jerusalem/Aelia Capitolina 135 nC für die Juden zur verbotenen Stadt wurde, so haben die neueren Ausgrabungen dazu beigetragen, das Bild von Aelia Capitolina in der Forschung und im Bewusstsein der heutigen Gesellschaft zu ändern. Sie lassen erkennen, wie durchdacht die Planung war und wie groß und prächtig man sich diese Stadt vorstellen darf. ■ *Prof. Dr. R. Wenning, Universität Münster u. Eichstätt*

ISRAEL EL-ARAJ

Wo liegt Betsaida?
Neue Untersuchungen zu einer alten Frage

Betsaida gehört bekanntlich zu den dramatischsten Kernorten der Jesusbewegung. Einerseits stammen mehrere Jünger aus dem „Haus der Fischer", wie der Ortsname übersetzt werden kann, andererseits blieb Betsaida für Jesu Werben unzugänglich (Joh 1,44; Mt 11,20-24). Entsprechend groß ist naturgemäß das Interesse an der Lokalisierung dieses Ortes. Für die Identifikation Betsaidas mit et-Tell sprach bisher jedenfalls – vielleicht abgesehen vom „Ritterschlag" durch den legendären Besuch Papst Johannes Paul II. im Jahre 2000 – vor allem der Mangel an plausiblen Alternativen.

Fünf Tage lang forschte das Archäologenteam aus Studenten und Dozenten des Center for Holy Lands Studies und einiger Hochschulen der Assemblies of God unter der Leitung von Marc Turnage und des erfahrenen israelischen Archäologen Mordechai Aviam bei el-Araj im flachen Mündungsgebiet des Jordans am See Gennesaret, dann lag eine alte, scheinbar geklärte Frage wieder auf dem Tisch: Wo liegt das neutestamentliche Betsaida?

Et-Tell war lange Favorit

Seit die ausgedehnten, von 1988 bis heute andauernden Ausgrabungen eines internationalen Teams unter der Leitung von Rami Arav auf et-Tell, einem natürlichen Geländevorsprung gut 2,5 km nördlich des heutigen Seeufers, beachtenswerte Funde ans Licht brachten, schien für viele die alte Streitfrage geklärt: Betsaida lag auf et-Tell. Die Ortslage ist heute gut erschlossen und lädt die zahlreichen Pilger zum Verweilen ein. Tafeln mit neutestamentlichen Kernpassagen deuten die Ruinen im Lichte der Apostel Petrus, Philippus und Andreas. In der Tat: die eisenzeitliche Stadt auf et-Tell mit ihrem imposanten Tor und der Stadtmauer ist sensationell. Doch ausgerechnet die Reste aus der für die Entscheidung der Streitfrage nach der Lage des neutestamentlichen Betsaida wichtigen späthellenistisch-frührömischen Zeit sind spärlich. Bestand im 3./2. Jh. vC noch eine Stadtmauer auf et-Tell, so existierte in neutestamentlicher Zeit allenfalls noch ein Haufendorf aus wenigen traditionellen Hofhäusern. Diese ergänzen zwar unser Bild vom ländlichen Galiläa auf ganz hervorragende Weise, passen aber nicht wirklich zum Bericht des Josephus (Antiquitates 18,28), wonach der Herodessohn Philippus Betsaida zu Ehren der römischen Prinzessin in Julias umbenannt und als polis neu gegründet habe. Von den zu einem solchen Projekt gehörenden öffentlichen Bauten ist nicht viel zu sehen und die Befunde gehen im 1. Jh. nC anscheinend zurück statt anzuwachsen, wie dies bei einer polis-Neugründung zu erwarten wäre. Viele Anstrengungen wurden unternommen, um diese Diskrepanzen aufzulösen – m. E. freilich nicht mit letztendlich durchschlagendem Erfolg.

Auch für el-Araj spricht Einiges

Für Experten ist die Wahl des Ortes für die neuen Untersuchungen von Turnage und Aviam daher kaum überraschend. El-Araj spielte, neben dem benachbarten el-Mesadiyye, schon lange eine Rolle bei der Suche nach der Herkunft der Heimat der Apostel. Nachdem der berühmte amerikanische Pastor und Palästinaforscher Edward Robinson Betsaida bereits im Jahr 1838 auf dem Ruinenhügel von et-Tell lokalisiert hatte, schlug der deutsche Palästinakundige Gottlieb Schumacher in den 1870-er Jahren die beiden deutlich näher am See gelegenen Fundstätten el-Araj und el-Mesadiyye als Alternativen vor. Eine Entscheidung fiel damals schwer, da von keinem Ort einschlägige Befunde aus Grabungen vorlagen. Da das Team um Rami Arav im Rahmen einer begrenzten Testgrabung auf el-Araj zudem nur byzantinische Keramik zutage gefördert hatte, schied der Ort als Konkurrenz zu et-Tell bisher aus. Gerade dies aber scheint sich durch die neuen Untersuchungen von Turnage und Aviam zu ändern.

Interessante Funde

Im Zuge eines „shovel survey", einer bei is‐ lischen Archäologen beliebten, aber nicht unumstrittenen Methode zur Oberflächenu‐ suchung, brachten die beiden Forscher hö‐ teressante Funde zutage: Architekturreste licher Bauten wie Kapitelle und Säulenfrag‐ Mosaiksteine und vor allem – neben den ü‐ spätrömischen und byzantinischen Scherb‐ erstmals auch hellenistische und frühröm‐ Keramik aus der Zeit vom 2. Jh. v. bis ins 1 also der entscheidenden sogenannten „n‐ testamentlichen Epoche". Marc Turnage s in einer aktuellen Pressemitteilung fest, el-Araj ein alter Ort ist, der mindestens s hellenistischen Zeit existierte, in römisch‐ (also in der Zeit Jesu) besiedelt war und b byzantinische Epoche weiterexistierte.

Doch sollte man hieraus nicht sofort wi voreilige Schlüsse ziehen, wie Turnage se betont. El-Araj ist wegen der neuen Funde falls automatisch zum neuen Betsaida un‐

> El-Araj ist wegen der neuen
> de keinesfalls automatisch
> neuen Betsaida und avan‐

für et-Tell avanciert. Noch ist nämlich völ‐ unklar, aus welchen archäologischen Kon die hellenistisch-frührömischen Scherbe‐ el-Araj stammen. Wurden sie gar von et-T eingeschwemmt? Zu klären wäre auch, in chem Zusammenhang die Scherben mit d Aviam erwähnten Architekturteilen stehe‐ die Keramik bei der Datierung der Architek‐

Welcher Ort war Betsaida?

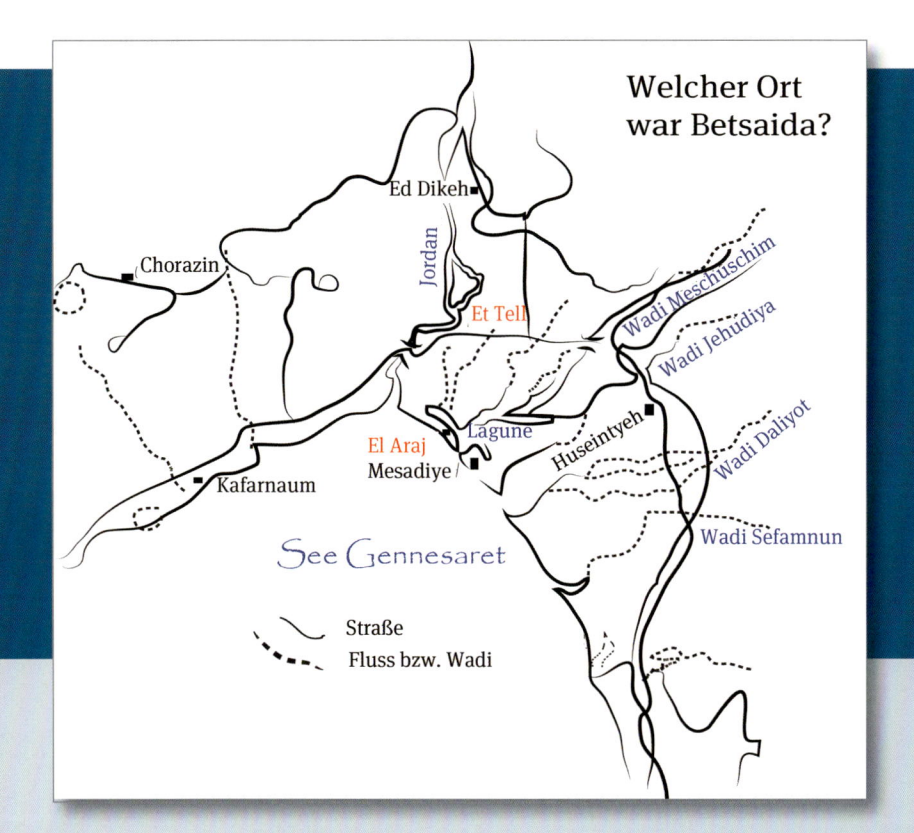

„neutestamentliche Zeit" oder stammen die Bauteile aus viel späteren Epochen? „Shovel surveys", in deren Verlauf je nach Methode punktuell oder flächendeckend nur wenige Zentimeter der Bodenschicht abgetragen werden, können keine stratigrafische Ausgrabung ersetzen. Aber das Rennen ist nun wieder eröffnet und eine Grabung auf el-Araj ist derzeit in Planung.

Dabei geht es kaum nur um die Frage, wo das „echte" Betsaida liegt, die m. E. ohnehin kaum mit wünschenswerter Sicherheit beantwortet werden kann. Viel interessanter scheint die Besiedlungsstruktur am nördlichen Seeufer. So würde man gern erfahren, ob ähnliche Befunde wie in el-Araj auch auf el-Mesadiyye vorliegen und – wenn ja – in welchem Verhältnis diese Siedlungen zu dem gleichzeitigen Dorf auf et-Tell gestanden haben könnten.

Ein weiterer Punkt verdient unsere Aufmerksamkeit: Schwankungen des Seespiegels. Intensive Untersuchungen durch den italienischen Archäologen Stefano DeLuca im Hafen von Madgala erlauben es, die Schwankungen des Seespiegels durch die antiken Epochen hinweg gut zu verfolgen. Et-Tell hätte in der Tat eine ideale, hochwassergeschützte Lage; die Entfernung zum See wäre für eine dortige Siedlung kaum ein Nachteil. El-Araj aber liegt unmittelbar am momentanen Seerand. Wäre der Wasserspiegel des Sees in der Antike höher gewesen als heute, was die Befürworter der et-Tell-Hypothese ins Feld führen, dann wäre et-Tell nicht nur gut erreichbar, sondern auch das Gebiet um el-Araj und el-Mesadiyye zu sumpfig für eine Besiedlung gewesen. El-Araj wäre in diesem Fall als Kandidat in der Tat notwendigerweise ausgeschieden. Dass dies jedoch wohl nicht der Fall gewesen ist, legen die neuen Untersuchungen DeLucas

Weg durch den archäologischen Park auf et-Tell (Betsaida). Stammten die Apostel Andreas und Philippus aus den Hofhäusern, deren flache Ruinen rechts des Weges zu sehen sind?

in Magdala und Kafarnaum nahe. El-Araj liegt auf gleicher Höhe wie Kafarnaum und Magdala und wäre in späthellenistisch-frührömischer Zeit durchaus als Siedlungsplatz am Seeufer infrage gekommen. Alles hängt eben irgendwie zusammen am See Gennesaret, gerade dies aber macht Archäologie in dieser Region so spannend. ■ *Prof. Dr. Jürgen K. Zangenberg (Universiteit Leiden)*

BIBLISCHE ARCHÄOLOGIE AKTUELL

GAZASTREIFEN
Der Gaza-Steifen ist auch Kulturland!
Nach 50 Tagen Krieg ist der Gaza-Streifen verwüstet: wirtschaftlich, menschlich und auch kulturell.

Zerstörungen in Gaza betreffen niemals nur die aktuelle Stadt sondern immer auch die vielen darunterliegenden Siedlungsschichten.

Kriegerische Auseinandersetzungen und der Erhalt von Kulturgütern widersprechen sich gerne. Wer einen Krieg plant und durchführt, hat andere Ziele als den Schutz antiker Ortslagen und kultureller Werte. Die Haager Konvention zum Schutz von Kulturgut bei bewaffneten Konflikten ist ein völkerrechtlicher Vertrag, der unter anderem auch archäologische Stätten sichern soll. Trotzdem ist menschliches Leben natürlich wertvoller als die Fürsorge um Kulturgüter. Aber auch Kulturgüter sollten nicht vergessen werden. Sie sind Zeugnis unserer Geschichte – einer Geschichte, die auch immer wieder von Krieg, aber auch von wirtschaftlicher Blüte geprägt ist. Angesichts der Zerstörungen im Gaza-Streifen, einem gerade einmal 360 Quadratkilometer großen, aber von über 1,7 Millionen Menschen bewohnten Gebiet, muss auch an das dortige Erbe erinnert werden. Das Gebiet um Gaza war immer das Einfallstor ins „Heilige Land" von Süden her, und daher stets dicht besiedelt und reich an Kulturgütern. Die nachfolgende Zusammenstellung nennt nur die wichtigsten Fundstätten in dem kleinen Gebiet.

Die ältesten Funde stammen aus der Zeit des Neolithikums. In Qatif in der südlichen Hälfte des Gaza-Streifens wurden Siedlungsreste aus dem 5. Jt. vC gefunden. Der Siedlungsschwerpunkt lag aber in der Antike viel näher am Zentrum von Gaza Stadt. Fünf km südlich des Stadtzentrums von Gaza entdeckte man 1998 eine bis dahin von einer Düne verborgene Stadt (Tell es-Sakan) aus der Frühbronzezeit (besiedelt ca. 3300-3000 und nochmals 2500-2200 vC). Hier gab es eine erste nach Ägypten hin ausgerichtete Siedlung, die die Handelskontakte mit der Levante stützen sollte.

Die Nachfolgesiedlung wurde Tell el-Ajjul, nur 500 m weiter südlich gelegen. Die hier durchgeführten Grabungen gehörten zu den fundreichsten im ganzen Land. Ägyptische Statuen, Skarabäen, Goldschmuck und vieles andere wurde hier gefunden und bezeugt eine Blütezeit des Handels zwischen Ägypten und der Levante im 2. Jt. vC. Der Ort ist auch in zahlreichen ägyptischen Texten als Scharuhen belegt.

Die internationalen Kontakte wurden in der Spätbronzezeit (1550-1150 vC) noch intensiviert. Aus dieser Zeit sind mehrere wichtige Orte im Gaza-Streifen ausgegraben. Neben Tell el-Ajjul ist hier vor allem Deir el-Balah zu nennen. Hier endete das ägyptische Kernland, zu dem die Ägypter damals auch den Nordrand der Sinaihalbinsel zählten. Und hier begann das Land Kanaan, das in jener Zeit unter ägyptischer Kontrolle stand. Neben einer Siedlung wurde an diesem Fundplatz ein bemerkenswerter Friedhof freigelegt: In anthropoiden Sarkophagen wurden hier vielleicht ägyptische Beamte bestattet, die in Kanaan ihren Dienst verrichteten.

Die wichtigste Ortschaft der Antike aber war Gaza selbst. Der alte Siedlungshügel umfasst eine Fläche von etwa 750 x 750 m und gehört damit zu den größten antiken Siedlungen des ganzen Landes. Die vielfältigen antiken Schichten haben sich hier bis zu einer Höhe von 20 m aufgehäuft. Die Stadt war im 2. Jt. vC ein wichtiges ägyptisches Verwaltungszentrum. Dann wurde sie eine der fünf Hauptstädte der Philister, die von den Ägyptern im 12. Jh. vC an der palästinischen Küste zwischen Gaza und dem heutigen Tel Aviv angesiedelt wurden. Als Philisterhauptstadt wird sie mehrfach in der Bibel, aber auch in assyrischen Inschriften erwähnt. Auch in den nachfolgenden Jahrhunderten war Gaza unter den Persern, Ptolemäern, Hasmonäern und Römern ein wichtiges Handels-, Wirtschafts- und Kulturzentrum. Hier gab es in römischer Zeit eine berühmte Rhetorikerschule. An der Küste befand sich in byzantinischer Zeit eine jüdische Synagoge, in der König David als Orpheus dargestellt wurde – die bislang älteste bildliche Darstellung Davids! Im 12. Jh. nC errichteten die Kreuzfahrer schließlich eine Kirche, die Johannes dem Täufer gewidmet war. Dieses Bauwerk wurde dann später in eine Moschee umgewandelt. Der 750 x 750 m große Siedlungshügel von Gaza wurde bislang so gut wie überhaupt nicht erforscht und ist heute mit modernen Gebäuden überbaut. Umso mehr können heute Bomben, die tief in den Boden eindringen, das antike Kulturgut vernichten.

Über all diese wichtigen Grabungsorte hinaus gibt es noch zahlreiche weitere Orte, die bislang nicht näher untersucht wurden. Hierzu gehören beispielsweise die im Süden gelegenen Ortschaften Khan Yunis („Karawanserei des Jona") mit wichtigen mameluckischen Resten, oder Rafah, das mehrfach in ägyptischen Texten des 2. Jt.s vC erwähnt wird. Der Gaza-Streifen bietet eine Vielzahl von wichtigen und schützenswerten Kulturgütern, deren Erhalt durch kriegerische Maßnahmen stark bedroht ist. Mit jeder Rakete können nicht nur Menschenleben, sondern auch ein Stück Vergangenheit unwiederbringlich verloren gehen! ■ *Prof. Dr. Wolfgang Zwickel*

BIBLISCHE ARCHÄOLOGIE AKTUELL

ISRAEL GEZER
Auf der Suche nach Salomos Stadt

Zwischen Jerusalem und Tel Aviv liegen die Reste einer der großen und historisch höchst bedeutsamen Städte der israelitischen Königszeit: Nach 1 Kön 9,15-17 baute König Salomo die Stadt Gezer aus. 2014 fand nun die 7. Ausgrabungskampagne auf Tel Gezer unter Steven Ortiz und Sam Wolff statt. Der Ort wurde schon am Anfang des 20. Jh. von R.A.S. Macalister und dann von 1964 bis 1990 von Amerikanern ausgegraben. Trotzdem ist die Stadtgeschichte noch immer sehr umstritten, insbesondere die Datierung des 6-Kammer-Tores, das von früheren Archäologen in die Zeit Salomos datiert wurde. Ziel der jetzigen Ausgräber ist es, die Bauphasen der Stadt zu untersuchen und nach Möglichkeit die Salomo-Stadt genau zu identifizieren. Unter einer Stadtmauer des 10. Jh. vC wurde eine ältere Stadtmauer der Eisenzeit I (12./11. Jh. vC) von 1 m Breite entdeckt, und noch tiefer stießen die Ausgräber auf eine Stadt der Spätbronzezeit (14. Jh. vC), die durch einen Brand zerstört wurde. Aufgrund eines Skarabäus mit dem Thronnamen des Pharao Amenophis III. haben die Ausgräber die Schicht in die Zeit dieses Pharao datiert, was zusätzlicher Stützung bedarf; denn der Thronname des Amenophis III. enthält den Gottesnamen Amun, war in Palästina deshalb als Schutzamulett weit verbreitet, aber nicht alle diese Skarabäen datieren in die Zeit des Amenophis III. Aus dem 12. und 11. Jh. vC stammen kanaanäische und philistäische Funde. Die Stadtanlage des 10. Jh. vC wurde wohl von Pharao Schischak im Jahr 918 vC (1 Kön 14,25f; 2 Chr 12,4) zerstört. In einem der ausge-grabenen Räume befand sich ein Würfelspiel aus Elfenbein und Teile weiterer Spiele. Darum bezeichnete das Team diesen Raum scherzhaft als „Salomos Casino".

Das innerstädtische Wassersystem bestand aus einem 50 m langen, 7 m hohen und 4 m breiten Tunnel, der mit 80 Stufen zur Wasserstelle schräg herabführte. Von sechs Wandnischen weisen drei eine Massebe (Kultstele) auf. 1907 hat der damalige Ausgräber Macalister den Teich unten durch Steine versiegelt, um das Material darunter zu schützen. Das erlaubte den Ausgräbern jetzt, Proben aus dem Teich zu nehmen, wobei Keramik der Spätbronzezeit heraufkam. Möglicherweise entstand das Wassersystem in Gezer schon in der Mittelbronzezeit und nicht erst im 10./9. Jh. vC. Salomo hat es damit wohl schon vorgefunden.
■ *(Agade/WUB)*

Das Wassersystem bei der Freilegung.

Aus der Redaktion: In der letzten Ausgabe von „Welt und Umwelt der Bibel" wurde der Autor Florian Lippke versehentlich mit einem „Dr." abgedruckt. Der Titel wurde ihm noch nicht verliehen, was hiermit korrigiert wird.

Die Entstehung der Welt – Ägyptens letzter Schöpfungsmythos

Das Roemer- und Pelizaeus-Museum Hildesheim präsentiert in einer Sonderausstellung bis zum 11. Januar 2015 das *Buch von Fayum*: Der Papyrus zeigt religiöse Vorstellungen aus römischer Zeit (1. Jh. vC – 1. Jh. nC)

Ausschnitt aus dem Fayum-Buch
Das große Krokodil mit der Krone auf dem Kopf, aus der zwei Federn ragen, stellt den Ur- und Schöpfergott dar.

Ausschnitt aus dem Fayum-Buch mit kryptischer Darstellung der Mehet-weret, Symbol und Name des Fayum-Sees, der gleichzeitig die „Große Flut" und die große Himmelskuh ist.

Was war vor der Schöpfung? Wie entstanden Zeit und Raum und wer ist ihr Schöpfer? Diese und andere Fragen zur Entstehung und dem Fortbestand der Welt stellt der letzte große Schöpfungsmythos der alten Ägypter: das berühmte *Buch vom Fayum*. Erstmals in Europa präsentiert das Roemer- und Pelizaeus-Museum Hildesheim diesen reich bebilderten Papyrus in der Sonderausstellung „Die Entstehung der Welt – Ägyptens letzter Schöpfungsmythos".

Altägyptische Schöpfungsvorstellungen

Altägyptische Schöpfungsmythen zeigen einen sehr rationalen Umgang mit den zur Verfügung stehenden Informationen und Fakten sowie eine enge Verbindung mit der Beobachtung und Analyse von Naturphänomenen wie dem Lauf der Sonne oder dem Verhalten von Tieren. Deshalb erscheinen uns die religiösen Erklärungsmodelle der alten Ägypter, die sich mit Fragen nach dem Ursprung und Erhalt unserer Welt auseinandersetzen, erstaunlich modern und realitätsnah.

Auch wenn die verschiedenen Mythen die Schöpfung auf unterschiedliche Weise erklären, sind die zugrunde liegenden Vorstellungen vergleichbar. Entwicklung und Bestand der Schöpfung hängen einerseits von sich ergänzenden Komponenten wie Himmel und Erde, Diesseits und Jenseits und der Vielfalt der Lebensformen (Götter und Menschen, Tiere und Pflanzen) ab. Andererseits spielen aber auch Gegensätze (Osiris gegen Seth) und Störungen (z. B. im Aufbegehren der Menschen gegen den Sonnengott) eine entscheidende Rolle. So lässt sich ein mythenübergreifendes Grundprinzip erkennen, das im Laufe der Zeit variiert wurde. Dabei spielten lokale Traditionen eine große Rolle, die bei der Übernahme von Schöpfungsmythen auf unterschiedliche Weise berücksichtigt wurden. Ein besonders eindrucksvolles Beispiel für die Anpassung an lokale Traditionen und Vorstellungen ist das so genannte *Buch vom Fayum*, der letzte große Schöpfungsmythos der alten Ägypter.

Das Buch vom Fayum

Mitte des 19. Jh. wurden in der ägyptischen Oase Fayum zwei sehr gut erhaltene, reich illustrierte Papyri gefunden, deren ungewöhnliche Bilder und Texte sich mit der Entstehung und dem Fortbestand des Universums beschäftigen. Um sie besser verkaufen zu können, wurden die Rollen nach Theben gebracht, in einzelne Teile zerlegt und 1859 an vier verschiedene Personen verkauft. Die beiden Hauptteile befinden sich heute im Walters Art Museum in Baltimore und in der Pierpont Morgan Library & Museum in New York, zwei weitere Teile im Ägyptischen Museum in Kairo.

Der heute als „Buch vom Fayum" bezeichnete, fast 2000 Jahre alte Papyrus ist deshalb so ungewöhnlich, weil er verschiedene Schöpfungsmythen miteinander verbindet und die Fayum-Oase mit dem dortigen See zum Ausgangspunkt der Schöpfung und Zentrum der Erneuerung macht. Hier wird die immer wiederkehrende Geschichte der Metamorphose des Sonnengottes im Laufe eines Tages auf ganz besondere Art erzählt: Als krokodilsgestaltiger Lokalgott Sobek taucht

Marmorstatue einer Schlange mit aufgerichtetem Oberkörper und Attributen der Göttin Isis (Sistrum) und Demeter (Kornähren) aus der Römischen Kaiserzeit (30 vC–313 nC).

er jeden Abend in den Fayum-See ein, wo er sich während der Nacht erneuert. Bei Sonnenaufgang ersteht er als junger Knabe neu und lässt sich von der Himmelskuh in die Lüfte tragen. Begleitet wird dieser Verwandlungsprozess von unterschiedlichsten Göttern und Wesen. Sie stehen einerseits für die in den verschiedenen Landesteilen verehrten Gottheiten, andererseits für die in der Fayum-Oase beheimatete Flora und Fauna. So entsteht eine einzigartige Verbindung der für das Niltal geschaffenen Schöpfungsmythen mit der völlig andersartigen Landschaft des Fayum.

Die Ausstellung

Seit mehreren Jahrzehnten arbeitet ein internationales Expertenteam unter Leitung von Prof. Dr. Horst Beinlich von der Universität Würzburg an der Entschlüsselung der Texte und Bilder des *Fayum-Buches*. Die Ergebnisse des Forschungsprojekts bilden die Grundlage für die Ausstellung „Die Entstehung der Welt – Ägyptens letzter Schöpfungsmythos" im Roemer- und Pelizaeus-Museum Hildesheim.

Ergänzt durch eine Reihe internationaler Leihgaben, die die Bilder des Papyrus dreidimensional umsetzen, führt die Ausstellung die Besucher auf eine Reise in eine lange vergangene Zeit und durch das altägyptische Universum. Er kann den Göttern begegnen und an der Seite des

Bronzestatuette des jugendlichen Sonnengottes (664–404 vC)

Glaseinlage in Form eines Krokodilkopfes (ca. 380–250 vC). Die Darstellung mit einem vorgewölbten Auge, der Schnauze mit langer und kurviger, eingeschnittener Innenlinie zeigt große Ähnlichkeit mit den Darstellungen des Krokodils und anderer Tierköpfe im Fayum-Buch.

Ausschnitt aus dem Fayum-Buch
Darstellung der stehenden Nilpferdgöttin, einer Mischgestalt aus Nilpferd, Löwe und Krokodil.

Sonnengottes die Erneuerung der Schöpfung erleben. Gleichzeitig vermittelt die Schau aber auch ein neues Ägyptenbild, das über Pyramiden, Pharaonen und Mumien weit hinausreicht und dessen Antworten auf die Frage nach der Entstehung der Welt überraschende Parallelen zu den heutigen Schöpfungstheorien zum Vorschein bringen.

Ein weiterer Ausstellungsbereich, das „Junge Museum", widmet sich den Schöpfungsmythen der Weltreligionen: Judentum, Christentum, Islam und Bahá'í sowie Buddhismus und Hinduismus. Hier können alle – ob jung oder alt – erleben, entdecken und lernen: diejenigen, die sich schon einmal Gedanken über die Entstehung der Welt gemacht haben, aber auch die anderen, die sich damit noch nicht beschäftigt haben. In drei Bereichen mit insgesamt sieben Aktivstationen macht es Spaß, den großen Fragen „Wo komme ich her, wie ist mein Weg und wo gehe ich hin?" nachzugehen. ∎

Weitere Informationen zur Ausstellung und zum Rahmenprogramm unter
www.entstehungderwelt.de.
Roemer- und Pelizaeus-Museum Hildesheim
Am Steine 1-2, 31134 Hildesheim
Tel. 05121/9369-0, info@rpmuseum.de
www.rpmuseum.de
Besucherinfos S. 71.

BIBLISCHE ARCHÄOLOGIE AKTUELL

ISRAEL SEE GENNESARET
Das Ende der Spätbronzezeit eine Klimakatastrophe?

Wissenschaftler aus Israel und Deutschland (D. Langgut, I. Finkelstein, Th. Litt, M. Stein) glauben, dass eine klimatische Katastrophe mit langer Dürreperiode, Hunger und Massenflucht zum Zusammenbruch der Kulturen der Spätbronzezeit im griechischen und levantinischen Raum geführt haben. Am Grund des Sees Gennesaret wurden in 18 m Tiefe Proben genommen. Kornpollen aus diesen Proben wurden genauer analysiert. Die Pollen bilden die klimatischen Bedingungen der Region im Lauf der Jahrtausende gut ab. Proben von mehreren Stellen belegen eine Trockenperiode von ca. 150 Jahren (bis 1100 vC.). Dürre und Hungersnot sind für diese Zeit auch in altorientalischen Quellen bezeugt und neuere Untersuchungen am Toten Meer ergaben ähnliche Befunde. Strenger Frost zerstörte die Feldfrüchte und ein Rückgang der Niederschläge verursachte in der östlichen Steppe Schäden in der Landwirtschaft, wodurch große Teile der Bevölkerung auf der Suche nach Nahrung zur Abwanderung in andere Regionen gezwungen wurden. Die extreme Klimaverschlechterung war möglicherweise einer der Gründe, warum die kanaanäischen Stadtkulturen so massive Einbrüche erlitten und in der Folge Dorfsiedlungen aus dem südlichen Bergland an Bedeutung gewannen. Diese Zeit wird auch in Verbindung gebracht mit den biblischen Erzählungen der „Landnahme Israels". (s. dazu *Welt und Umwelt der Bibel* 3/08, „Die Anfänge Israels"). Drastische Klimaschwankungen waren allerdings kein Einzelfall: Die Wissenschaftler haben den Befund mit den Dokumenten über eine ähnliche Situation im 10./11. Jh. nC, also rund 2000 Jahre später, verglichen. ∎ *(Agade/WUB)*

DIE BIBEL IN BERÜHMTEN GEMÄLDEN

David und Jonatan
von Rembrandt van Rijn

Von Régis Burnet

Dem Betrachter des Gemäldes fällt eines unmittelbar ins Auge: Die beinahe väterliche Zuneigung, mit der Jonatan den jungen David in die Arme nimmt, und das Zutrauen, das dieser ihm entgegenbringt, indem er den Kopf an seine Brust legt. Mit dieser Geste hebt der Künstler die Menschlichkeit des zukünftigen Königs Israels hervor, denn dieser David ist zu Zärtlichkeit und Freundschaft fähig, und der Abschied von seinem Freund berührt ihn. Fernab von heroischen Darstellungen der biblischen Geschichte malt Rembrandt Wesen aus Fleisch und Blut, denen menschliche Gefühle eingeschrieben sind.

Eine eingehendere Betrachtung des Gemäldes offenbart merkwürdige Details. Zuerst einmal ist da der Gegensatz der beiden Figuren. David wirkt sehr jung und beinahe feminin. Jonatan dagegen ist als reifer Mann dargestellt, obgleich er dem biblischen Text zufolge etwa so alt wie David gewesen sein muss. Und auch das im Hintergrund über Jerusalem thronende Gebäude verwundert, denn es erinnert an den Felsendom. Wie kann der Tempel in der Heiligen Stadt stehen, als David und Jonathan voneinander Abschied nehmen, wo er doch erst Jahre später erbaut wurde, nämlich unter der Herrschaft von Davids Sohn Salomon?

> Was bedeutet der Tempel im Hintergrund, der doch erst Jahre nach Davids Begegnung gebaut wurde?

Nur durch eine symbolische Deutung erschließt sich uns diese Darstellung: Der Maler ist dem Judentum sehr zugewandt. Vielleicht ist es der Schmerz über die Trennung von Judentum und Christentum, der in der Abschiedsszene von David und Jonatan zum Ausdruck kommt. Eine Hoffnung bleibt: Der Tempel deutet darauf hin, dass Gott alle trösten wird, die an ihn glauben. ∎

Das Gemälde

David und Jonatan, Rembrandt Harmenszoon van Rijn, Öl auf Leinwand, 73 x 61 cm, am unteren Rand mittig signiert und datiert: 1642, Sankt Petersburg, Museum der Eremitage.

Der Maler

Das Werk Rembrandts einordnen zu wollen, ist ein hoffnungsloses Unterfangen, so einzigartig und vielschichtig ist sein Schaffen, und von so zentraler Bedeutung für die Malerei des Abendlands. Kunsthändler, Ateliermeister, genialer Radierer, produktiver Maler: Rembrandt vereint vielerlei Widersprüche. Trotz mancher Schicksalsschläge entstehen brillante Gemälde. Im selben Jahr wie das Gemälde *David und Jonatan* (1642) entsteht die *Nachtwache,* 1648 *Emmaus.* Reich wird er dennoch nicht: Sein Geld zerrinnt ihm zwischen den Fingern, sodass er 1656 praktisch mittellos ist – ohne dass er bewusst dem Armutsideal seiner calvinistischen Zeitgenossen in Amsterdam folgen will.

Zur Geschichte des Motivs

Die Geschichte von David und Jonatan wird in der Kunst wenig behandelt. Sie findet sich vor allem in Handschriften, wo sie stets als Abschiedsszene dargestellt ist. Im Orient gibt es eine Zeichnung z. B. in einer byzantinischen Schrift aus dem Jahr 1062, die im Vatikan liegt (Codex Vat. Gr. 463). Ein Beispiel für eine westliche Darstellung ist das Werk *La Somme le roi* vom Ende des 13. Jh. Darin versinnbildlichen David und Jonatan die Tugend der Freundschaft. In der Malerei tauchen die beiden Figuren noch viel seltener auf. Im Jahre 1505 stellt Giambattista Cima da Conegliano die beiden Freunde als Wanderer in einer Landschaft dar (National Gallery). David hat soeben Goliat besiegt, sein Gesicht ist verzerrt und sein Blick leicht abwesend: Er ist noch aufgewühlt vom Kampf gegen den Riesen, dessen Kopf er an den Haaren in der Hand hält. Erwähnenswert ist auch das Werk des Präraffaeliten Frederick Leighton, *Jonathan's Token to David* (Minneapolis), das zeigt, wie Jonatan sich den ersten Pfeil geben lässt, mit dem er David vor Sauls Mordplänen warnen will. Die Auswahl der Szene ist ein Vorwand: Leigh-

DIE BIBEL IN BERÜHMTEN GEMÄLDEN

ton nutzt sie, um eine heroische männliche Schönheit darzustellen, deren Formen noch hervorgehoben werden durch den Vergleich mit einem schmächtigen Sklavenjungen, der mit nacktem Oberkörper neben Jonatan steht. Die Darstellung ist zugleich ein augenzwinkernder Verweis auf die Kunstgeschichte: Jonatan nimmt dieselbe Pose ein, die Michelangelo dem David in seiner berühmten Skulptur gibt.

Der historische Kontext

Das Jahr, in dem Rembrandt das Gemälde schuf, war ein katastrophaler Wendepunkt in seinem Leben. Bis dahin war ihm das Glück hold gewesen: Er hatte sich mit einem reichen Kunsthändler zusammengetan, 1634 dessen Nichte geheiratet und sich 1639 in einem herrschaftlichen Haus in der Sint Anthonius Breestraat, dem heutigen Rembrandtmuseum, niedergelassen. Als Meister eines gutgehenden Ateliers gab er bedenkenlos Geld für seinen großzügigen Lebensstil und die Ausstattung seiner Modelle aus. Ab 1642 jedoch begannen die finanziellen Schwierigkeiten, mit denen Rembrandt sein Leben lang zu kämpfen haben sollte. Konkurs musste er 1656 anmelden. Vor allem aber – nach langer Krankheit und nachdem sie drei Kinder zu Welt gebracht hatte, von denen dann nur ein Sohn überlebte – starb Rembrandts geliebte Frau Saskia. Aus diesem Grund wurde das Gemälde auch schon so gedeutet, dass Jonatan den Maler selbst repräsentiert, während der blond gelockte David ein Symbol für seine Frau Saskia sei – der Abschied der biblischen Männer als Illustration des letzten Abschieds von ihr. Diese Interpretation wird jedoch auch sehr angezweifelt.

Zum Weiterlesen

• Christian Tümpel, **Rembrandt**, Rowohlt 2006, 177 S., ISBN 3-499-50691-2
Monographie zum 400. Geburtstag.

• Christian Tümpel, **Rembrandt. Mythos und Methode**, Verlag Königstein 1986, 448 S., antiquarisch erhältlich.
Standardwerk mit zahlreichen Abbildungen.

• Herbert Fendrich, **Auf den zweiten Blick – Rembrandt und die Bibel**, Katholisches Bibelwerk 2006, 96 S., antiquarisch erhältlich.
Ein besonderer Blick auf die Bilder.

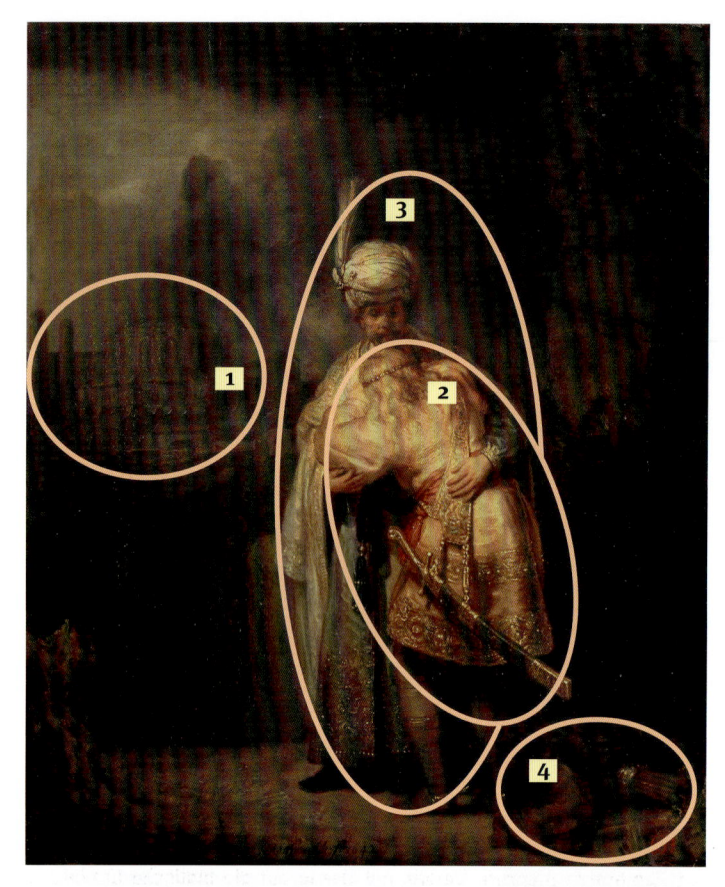

1 Ein anachronistischer Tempel

Im Hintergrund des Gemäldes erhebt sich im Hell-Dunkel eine Stadt, die Jerusalem sein könnte – wobei besonders ein rundes Gebäude mit Kuppel ins Auge fällt, in dem man zweifellos den Tempel erkennen muss. Tatsächlich übernimmt seine Gestalt genau die Architektur, die sich auch in anderen Werken Rembrandts findet. Etwa in einer Zeichnung aus dem Prentenkabinet im Rijksmuseum, auf der zu sehen ist, wie Petrus und Johannes den vor der Tempelpforte sitzenden Gelähmten heilen – aber auch in einer anderen Zeichnung, dem *Triumph des Mordechai*, die im Detroit Institute of Arts zu sehen ist, oder dem berühmten Gemälde *Jeremia trauert über die Zerstörung Jerusalems* im Rijksmuseum. Es handelt sich um die traditionelle Darstellungsweise des Tempels in einer Zeit, da man auch in jüdischen Interpretationen die Omar-Moschee für den Tempel des Herodes hielt.

2 Ein blond gelockter David

Der von einem nahezu göttlichen Licht bestrahlte David hat sich in Jonatans Arme geworfen. Er trägt ein prächtiges Gewand in reichen Goldfarben, und an seiner Seite hängt an einem kostbaren Schultergurt ein imposanter Degen. Dessen Griff und Heft scheinen aus reinem Gold zu sein, während die Scheide aus Gold und grünem Samt gefertigt ist. David trägt lange Haare wie ein Heranwachsender, die von einer Kette zurückgehalten werden. Davids Gesicht ist nicht erkennbar, da er dem Betrachter den Rücken zuwendet. Die Farbe seiner Haare stellt keine Eigenwilligkeit aus dem 17. Jh. dar. Dahinter verbirgt sich vielmehr eine Assoziation an andere Personen der Bibel: Im berühmten Jakobssegen charakterisiert Rembrandt die Josefsöhne Efraim und Manasse genauso konträr – blond und schwarz. Hier ist eine Typologie nachgewiesen: Rembrandt malt die Zusammenhänge von Israel und Christus, von Altem und Neuem Testament, von Judentum und Christentum. Die Zuneigung des Malers zum Judentum spiegelt sich wieder in der Zuneigung Davids zu Jonatan. Gleichzeitig ist der Abschied so gut wie vollzogen und eine Rückkehr unmöglich. Vielleicht ist diese Darstellung des späteren Königs Israels das emotionalste Plädoyer für die enge Verbundenheit von Juden und Christen und gleichzeitig der persönlichste Ausdruck des Schmerzes angesichts der Trennung, den die Kunst jemals hervorgebracht hat.

3 Jonatan oder Rembrandt?

Jonatan, bekleidet mit einem olivfarbenen Gewand mit goldener Bordüre und einem prunkvollen, goldbestickten Mantel, trägt einen auffallenden Turban mit Federbusch. Dabei handelt es sich um ein Kennzeichen der Juden, das ab dem 15. Jh. den traditionellen, spitz zulaufenden „Judenhut" ersetzt. Zu dieser Zeit, und vor allem nach dem Besuch des byzantinischen Kaisers Manuel II. Palaiologos von 1399–1402, wird dem Westen bewusst, dass der Orient vor allem muslimisch geprägt ist: Der „Orientalismus", dem auch die Juden zugeordnet werden, kommt auf. Doch bei Rembrandt findet sich der Turban auch auf Selbstporträts: Der Maler hatte offenbar ein Faible für exotische Kopfbedeckungen, und es sind mehrere Bilder erhalten, die ihn mit einem ähnlichen Turban zeigen. Dazu kommt, dass bei näherem Hinsehen Jonatan dem niederländischen Meister auffallend ähnelt: Da ist die gleiche etwas rundliche Gestalt mit den tief liegenden Augen, die gleiche Nase, der gleiche Bart. Der Jonatan auf Rembrandts Gemälde scheint etwa Anfang vierzig zu sein – genau wie 1642 der Künstler selbst.

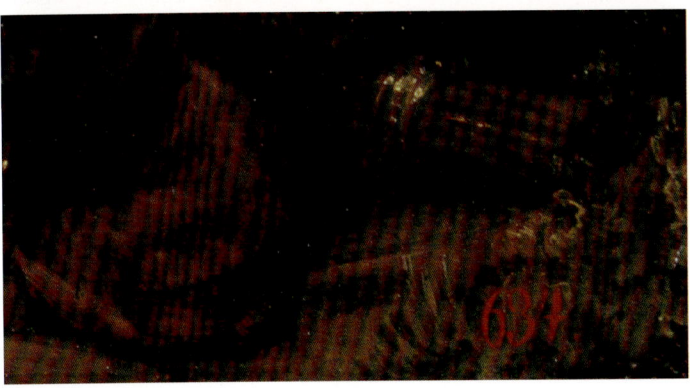

4 Sprechende Details

Um dem Betrachter das Erkennen der dargestellten Szene zu erleichtern, hat Rembrandt mehrere Details mit Bezug auf die biblische Erzählung eingefügt. Zu Füßen der beiden Freunde liegt ein Köcher mit Pfeilen, der daran erinnert, dass die beiden eine Botschaft vereinbart hatten, mit der David vor Sauls Zorn gewarnt werden sollte (ein Pfeil sollte mitteilen, dass der König ihm nach dem Leben trachtete). Daneben sieht man eine Art Umhängetasche, die auf das Fortgehen des jungen Goliat-Bezwingers hindeutet: David flieht, um sein Leben zu retten und eigene Truppen zu sammeln. Die zerklüftete Form am linken Bildrand steht für den Felsen Ezel, den „Stein des Abschieds", an dem David auf Jonatan wartete.

Die Quelle

„Am nächsten Morgen ging Jonatan, wie er mit David verabredet hatte, aufs Feld hinaus und ein junger Diener war bei ihm. Er sagte zu dem Diener: Lauf, such die Pfeile, die ich abschieße. Der Diener lief und er schoss einen Pfeil über ihn hinaus. Als der Diener an die Stelle kam, wohin Jonatan den Pfeil geschossen hatte, rief Jonatan dem Diener nach: Liegt der Pfeil von dir aus nicht noch weiter draußen? Und er rief dem Diener nach: Beeil dich, schnell, bleib nicht stehen! Der Diener Jonatans hob den Pfeil auf und kam zu seinem Herrn zurück. Der Diener aber ahnte nichts; nur Jonatan und David wussten von der Vereinbarung. Jonatan gab dem Diener, den er bei sich hatte, seine Waffen und sagte zu ihm: Geh, bring sie in die Stadt! Als der Diener heimgegangen war, verließ David sein Versteck neben dem Stein, warf sich mit dem Gesicht zur Erde nieder und verneigte sich dreimal tief (vor Jonatan). Dann küssten sie einander und beide weinten. David hörte nicht auf zu weinen und Jonatan sagte zu ihm: Geh in Frieden! Für das, was wir beide uns im Namen des Herrn geschworen haben, sei der Herr zwischen mir und dir, zwischen meinen und deinen Nachkommen auf ewig Zeuge." (1 Samuel 20,35-42)

Prof. Régis Burnet ist Professor für Neues Testament an der Université Catholique de Louvain (Belgien).

DIE GROSSEN ENTDECKUNGEN | **Der Kodex Hammurapi**

Gesetze aus Babylonien

Im Winter 1901 wird in Susa (Iran) bei Ausgrabungen eine Stele mit einem eingravierten Gesetzeskodex gefunden. Erstaunlicherweise erinnert der im 18. Jh. vC vom babylonischen König Hammurapi verfasste Text an die biblischen Gebote. Welche Bedeutung hat dieser Zusammenhang für das Verständnis der alttestamentlichen Vorschriften? **Von Estelle Villeneuve**

Der französische Archäologe Jacques de Morgan ist Leiter der archäologischen Expedition in Susa, das nahe der irakischen Grenze am Fluss Scha'ur in einer Ebene zwischen dem iranischen Hochland und dem Tal des Tigris liegt. Er verbringt den Winter 1901–1902 in Paris. Für Mai bereitet er eine Ausstellung im Grand Palais vor, die Fundstücke aus der alten Hauptstadt der elamitischen Könige zeigen soll. In seiner Abwesenheit leitet sein Assistent und langjähriger Freund, der Schweizer Ägyptologe Gustave Jéquier (1868–1946), die Arbeiten in Susa. Mehr als tausend Arbeiter heben im Abstand von fünf Metern gewaltige Gräben aus. Diese Vorgehensweise erlaubt einerseits rasche Fortschritte, zerstört allerdings gleichzeitig wertvolle Strukturen älterer Besiedlungsschichten. Als Jéquier Mitte Dezember in seinem Büro arbeitet, lässt ihn plötzlich ein Vorarbeiter eilig herbeirufen. Unter den Überresten der achämenidischen Epoche ist ein „riesiger schwarzer Stein" aufgetaucht. Es handelt sich um eine Stele, die in zwei Teile gebrochen und leider unvollständig ist. Im abgerundeten oberen Bereich ist ein Reliefbild dargestellt, die Vorderseite ziert eine Keilschrift. Jéquier ist ausreichend in der Schriftkunde bewandert, um den Namen des babylonischen Königs Hammurapi zu entziffern. Handelt es sich möglicherweise um eine königliche Stele, die von irgendeinem elamitischen König aus Mesopotamien mitgebracht worden war? Jéquier ahnt, dass es sich um eine wichtige Entdeckung handelt, und schickt einen Satz Fotografien an den Dominikanerpater Vincent Scheil, den Assyrologen der Expedition. Nachdem Scheil eine Nacht mit der Arbeit an den Negativen verbracht hat, ist der Wissenschaftler am 28. Januar 1902 außer sich vor Freude: „Das Monument enthält eine Gesetzessammlung von Hammurapi, dem großen chaldäischen Eroberer und Zeitgenossen Abrahams. Diese Entdeckung gibt Aufschluss über die Organisation und das gesellschaftliche Leben 2000 Jahre vor unserer Zeitrechnung", teilt er sogleich Morgan mit. In Susa erhält Gustave Jéquier am 6. Februar die Neuigkeit per Telegramm, am selben Morgen, als ein drittes Teilstück aus dem Graben geborgen wird. Der berühmte Kodex Hammurapi ist nun vollständig; es fehlen nur einige Spalten, die vom elamitischen Eroberer Schutruk-Nahhunte im 12. Jh. vC abgeschliffen wurden. Das Monument wird das Highlight der Pariser Ausstellung im Mai 1902 sein.

Gustave Jéquier nach der Entdeckung der Stele mit seinem Ausgrabungsteam.

Ein Kodex, der die Sitten der Babylonier enthüllt

Inzwischen arbeitet Pater Scheil unermüdlich an der Veröffentlichung, die in weniger als einem Jahr fertiggestellt wird. Die Stele, deren Text in den letzten Regierungsjahren Hammurapis abgefasst wurde (1792–1750 vC), ist ein Monument zum Ruhme jenes Mannes, der Mesopotamien erobert und dem Land Verhaltensregeln auferlegt hat. Ein Prolog verkündet in poetischer Sprache, dass die Götter selbst den König dazu bestimmt haben, eine gute Ordnung zwischen den Menschen zu schaffen. Im oberen Bereich des Flachreliefs ist der König bei der Amtseinführung dargestellt, wie er vor dem thronenden Sonnen- und Gerechtigkeitsgott Schamasch steht. Wehe jenem, der auch nur etwas am hier verkündeten Gesetz verändere, er falle der göttlichen Vergeltung anheim, mahnt Hammurapi weiter unten auf der Stele!

Bei dem Gesetz, das den Hauptteil zwischen Prolog und Epilog einnimmt, handelt es sich um eine lange Aufzählung von 282 Rechtssätzen mit dem jeweiligen Schiedsspruch, der als Grundsatzurteil gelten soll. Die Sätze sind alle nach dem kasuistischen Prinzip formuliert: „Wenn einer jenes tut, wird das folgendermaßen bestraft." Die Streitsachen betreffen hauptsächlich das tägliche Leben, Eigentum und die Unversehrtheit der Person, familiäre Beziehungen und die Ausübung bestimmter Berufe. Kurzum, Pater Scheil hatte Recht, dieser Kodex ist eine wahre Goldmine, mit dessen Hilfe sich die Sitten der Babylonier erschließen lassen. Mehr Erstaunen noch hat die Tatsache ausgelöst, dass im Kodex gesellschaftliche Anliegen und Rechtsformulierungen entdeckt wurden, die den biblischen Geboten sehr ähneln, besonders denen im sogenannten „Bundesbuch" (Ex 20,22-23,33). So fand man denselben kasuistischen Wortlaut, dasselbe Bestrafungsprinzip dem Verstoß entsprechend, das berühmte *Talionsprinzip* (eine Rachebegrenzungsregel: Auge für Auge, Zahn für Zahn), dieselbe Sorge für die Schwachen, die Witwen und die Waisen. Lange vor dem biblischen Dekalog, den Mose der Erzählung nach am Berg Horeb direkt von Gott erhielt, existierte also eine recht ähnliche Gesetzessammlung aus Mesopotamien.

Ist also das hebräische Gesetz ein altorientalisches Erbe? Ist es nicht die ausschließliche Gabe des einzigen Gottes an sein Volk? Nach der Entdeckung der Tafel mit der Sintfluterzählung aus Babylon brachte die Archäologie mit der Stele des Hammurapi erneut eine Quelle zum Vorschein, die zum einen den literarischen Charakter biblischer Texte verdeutlicht und zum anderen die kulturgeschichtliche Einbindung der Bibel in den Kontext des Vorderen Orients beweist. Allerdings zeigt ein Vergleich des biblischen Bundesbuches mit dem babylonischen Kodex auch deutliche Abweichungen. In diesen Akzenten und Ergänzungen ist wohl die eigentliche Originalität der mosaischen Offenbarung zu sehen. Zu nennen sind vor allem die theokratische Dimension und die Berufung auf ihren transzendenten Ursprung sowie die zusätzlichen Vorschriften, die den Kult JHWHs betreffen. Da ist auch diese typische Art, absolute Rechtsprinzipien wie „Du wirst nicht töten" zu formulieren, was über die babylonische Überprüfung von Sonderfällen hinausgeht. Es findet sich auch hier und da eine feinere Reflexion über die individuelle Verantwortung der Vergehen und die Proportionalität der Bestrafungen, wobei die Todesstrafe seltener angedroht wird.

Nach dem Kodex Hammurapi haben andere Gesetzestexte (der älteste geht auf den sumerischen König Ur-Nammu zurück, um 2100–2050 vC) dazu beigetragen, die Kenntnisse über die Rechtsordnung des Alten Orients zu erweitern. Fortschritte in der biblischen Exegese ermöglichen es andererseits, dass berücksichtigt werden kann, was in der Gesetzgebung des Pentateuchs unter dem Einfluss der existierenden Traditionen zur Rechtsgrundlage bis ins 7. Jh. vC gehörte und was auf spätere Ergänzungen nach der Rückkehr aus dem Exil und unter der persischen Herrschaft im 6. und 5. Jh. vC zurückgeht.

So lässt sich der Weg überblicken, den Israel zurückgelegt hat, indem es zum einen aus der gemeinsamen Erfahrung der orientalischen Rechtsprechung geschöpft hat, zum anderen aber durch eigene Weisungen seinen unverwechselbaren Glauben an JHWH zum Ausdruck gebracht hat. ■

Die Basaltstele, (2,25 m Höhe) aus Susa trägt den Kodex des Königs Hammurapi (1892–1750 vC). Seine Gesetze ähneln in vielerlei Hinsicht den biblischen Weisungen im sogenannten „Bundesbuch" (Ex 20-23).

AUSSTELLUNGEN UND VERANSTALTUNGEN

Studientag zum Heftthema von „Welt und Umwelt der Bibel"

In Regensburg können Sie die Auseinandersetzung mit der Sternenkunde vertiefen: „Die Ordnung der Sterne – Zwischen Faszination und Ablehnung: Astrologie und Astronomie"
Themen:
- Die Himmelsphänomene in biblischen Texten
- Venus: Planet und orientalische Himmelskönigin
- Tierkreis und Horoskope im frühen Judentum
- Wer waren die Sterndeuter aus dem Osten?
- Naturwissenschaft kontra Schöpfungserzählung?

Referententeam: Thomas J. Payer (unterrichtete über 30 Jahre Astronomie) und Dr. Reinhold Then (biblischer Theologe)
Ort: Diözesanzentrum Obermünster, Obermünsterplatz 7, 93047 Regensburg
Zeit: Sa. 15. Nov. 2014, 10 bis 16 Uhr, Kursgebühr 15 €
Anmeldung per mail an: erwachsenenbildung@bistum-regensburg.de
Tel. 0941-5972-229, www.bpa-regensburg.de

Augustus – Macht, Moral, Marketing

BASEL | BIS 1. FEBRUAR 2015

Vor 2000 Jahren ist Augustus gestorben. Die Sonderausstellung zeichnet nach, wie der Adoptivsohn Julius Cäsars an die Macht gelangte. Der Ausnahmeherrscher hatte aus heutiger Sicht strenge moralische Wertvorstellungen, die auch sein Familienleben betrafen. Die Exponate lassen das augusteische Rom aufleben, das die Welt der Bibel stark prägte.
Skulpturhalle Basel, Mittlere Strasse 17, 4056 Basel, Tel. +41 (0)61 260 25 00
Di–Fr 10–17 Uhr, Sa–So 11–17 Uhr, Eintritt 14 CHF (Ermäßigungen),
www.skulpturhalle.ch

Outer Space: Faszination Weltraum

BONN | BIS 22. FEBRUAR 2015

Passend zum Thema dieser WUB-Ausgabe öffnet in Bonn die Ausstellung „Outer Space" ihre Tore. Sie folgt den Fragen, die der Weltraum in den Menschen auslöst: Wie ist das Universum entstanden? Wohin gehen wir? Sind wir allein? An der Schnittstelle zwischen Naturwissenschaft und Kunst bietet „Outer Space" Informationen über die Raumfahrt heute (in Kooperation mit dem Deutschen Zentrum für Luft- und Raumfahrt), aber auch Visionen von Künstlern – etwa Entwürfe von Raumschiffen und Pläne zur Besiedlung von Sternen, die Karl Hans Janke hinter Anstaltsmauern der DDR erstellte. Raumanzüge, Instrumente, Teleskope, alte Sternkarten, Mondstaub, Meteorite, Kunstwerke und Installationen zeigen die Auseinandersetzung mit dem Weltraum.
Bundeskunsthalle,
Friedrich-Ebert-Allee 4,
53113 Bonn,
Tel. 0228 9171-200
Di–Mi 10–21, Do–So 10–19 Uhr
Eintritt 10 € (Ermäßigungen)
www.bundeskunsthalle.de

Weltbild, Peter Sauerer, 2014, Nussschale, Holz, Schnur, bemalt. Thomas Rehbein Galerie, Köln.

Jerusalempilger Kulturhistorische Woche

BURG ROTHENFELS
4. BIS 8. FEBRUAR 2015

Bitte beachten Sie den beiliegenden Flyer! Die Tagung wird in Kooperation mit *Welt und Umwelt der Bibel* durchgeführt. Autorinnen und Autoren (etwa Prof. Dr. Klaus Bieberstein, Prof. Dr. Angelika Neuwirth, Dr. Georg Röwekamp, Prof. Dr. Andreas Müller) wie auch die WUB-Redaktion freuen sich auf die Begegnungen.

Historische Darstellung (1880) der Via Dolorosa in Jerusalem.

Eine Reise für Leserinnen und Leser
Pilgerreise durchs Heilige Land mit Wanderungen

ISRAEL | 18. BIS 29. MÄRZ 2015

Wir möchten Sie zu dieser 12-tägigen Leserreise einladen, die durch ihre Wanderungen ein entschleunigtes Erleben des Landes und der heiligen Stätten ermöglicht. Der Akzent liegt auf dem Nachempfinden dessen, was Pilger durch die Zeiten mit Jerusalem und dem Heiligen Land verbanden.
LEITUNG: Dipl.-Theol. Wolfgang Baur und Prof. Dr. Katja Baur
Das komplette Reiseprogramm auch auf www.weltundumweltderbibel.de –> Detailinformationen zur Ausgabe 3/14

Caspar – Melchior – Balthasar
850 Jahre Dreikönigenverehrung im Kölner Dom

KÖLN | BIS 25. JANUAR 2015

Ptolemäer-Kameo vom Deckel des Nikolausschreins: nach 400 Jahren wieder in Köln zu sehen.

Anlässlich des Jubiläums der Ankunft der Gebeine der „Weisen aus dem Morgenland" bietet Köln ein Jahr lang Vorträge, Führungen, Gottesdienste, Ausstellungen und andere Aktionen. Den Schwerpunkt der Schau in der Domschatzkammer bildet der Reliquienschrein des Nikolaus von Verdun (um 1130 bis nach 1205). Ihn ziert ein besonderer Stein: Ein Ptolemäer-Kameo aus dem 3. Jh. vC. Er zeigt das Porträt eines ägyptischen Königspaares, das aus den elf abwechselnd dunkelbraunen und bläulich-weißen Schichten des Steines geschnitten ist. Der Stein wurde 1574 aus Köln geraubt und ist nun erstmals wieder in der Domstadt zu sehen.

Köln, Domschatzkammer, Domkloster 4, 50667 Köln, Tel. 0221-17940-530
Täglich 10–18 Uhr, Eintritt 5 € (Ermäßigungen), www.dreikönigsjahr.de

Die Entstehung der Welt
Ägyptens letzter Schöpfungsmythos

HILDESHEIM | BIS 11. JANUAR 2015

Zur Sonderausstellung im Roemer- und Pelizaeus-Museum siehe S. 60–61.
Hildesheim, Roemer- und Pelizaeus-Museum, Am Steine 1-2, 31134 Hildesheim
Tel. 05121-9369-0
Di–So 10–18 Uhr
Eintritt 10 € (Ermäßigungen)
www.rpmuseum.de

Ägypten: Götter – Menschen – Pharaonen

VÖLKLINGEN | BIS 28. MÄRZ 2015

Die Ausstellung im Weltkulturerbe Völklinger Hütte bietet einen kompletten Überblick zu 4.000 Jahren altägyptischer Hochkultur. Sie spannt einen zeitlichen Bogen, der noch vor der eigentlichen Gründung eines altägyptischen Staates beginnt und bis zur Eroberung Ägyptens durch Rom reicht. Die 250 hochkarätigen Exponate stammen aus dem Museum Egizio Turin, dem ältesten ägyptischen Museum der Welt mit einer der international bedeutendsten Sammlungen zur altägyptischen Kultur. Nahezu alle diese Leihgaben sind erstmals in Mitteleuropa, Deutschland, Frankreich, Luxemburg und Belgien zu sehen.

Weltkulturerbe Völklinger Hütte, Rathausstr. 75-79, 66333 Völklingen, Tel. 06898 -9100 100
Bis 9.11.2014: 10–19 Uhr, bis 28.3.2015: 10–18 Uhr,
Eintritt 15 € (Ermäßigungen), www.voelklinger-huette.org

Innerer Sarg der Tapeni, Tochter des Hohepriesters des Amun. Dritte Zwischenzeit, 25. Dynastie, 712–664 vC. Farbiges Holz, stuckiert. Im Hintergrund: Mumie der Tapeni.

Neues Hisham-Palast Museum

JERICHO | DAUERAUSSTELLUNG

Das neue Museum in Jericho informiert an der Ausgrabungsstätte über die archäologischen Untersuchungen von Khirbet al-Mafjar durch D. Baramki und R. Hamilton und präsentiert 150 Funde aus dem omaijadischen Palast. Die Exponate erschließen das tägliche Leben im Palast und in dem angrenzenden landwirtschaftlichen Anwesen. Der Palast selbst wird durch 16 neue Tafeln für Besucher präsentiert. Eine spezielle Ausstellung illustriert die Keramiktradition von den Omaijaden bis zu den Aijubiden (750–1250 nC).

Khirbet al-Mafjar
Palestinian Department of Antiquities and Cultural Heritage
Kontakt: Dr. Hamdan Taha
PO Box 870
Ramallah, Palestine
Tel: + 970 2 2409891
www.jerichomafjarproject.org

Mosaik mit Naturszenen aus dem Hishamspalast.

Die nächste Ausgabe im Januar 2015:

150 Jahre Biblische Archäologie

- Digging for God and country und die „neue Biblische Archäologie"
- Böse Nachbarn? – Philister und Samaritaner
- Fälschungen und Sensationen – Vom Granatapfel bis zum Grab Jesu
- Der Quell aller Kultur – Wassersysteme in biblischen Städten

Freuen Sie sich auf die nächsten Ausgaben
2/15 **Jesus, der Heiler** und 3/15 **Äthiopien – das Land der Felsenkirchen**

Die Bibel mitten im Leben

Das finden Sie in unserer Zeitschrift „**Bibel heute**".
Soeben ist erschienen:

Die Bibel und die Armen

Arme Menschen gehören nicht allein zu den „Lieblingen" der Bibel – sie lesen die biblische Botschaft auch anders. Diese Ausgabe eröffnet überraschende Perspektiven.

Bestellen Sie **zwei** Ausgaben von *Bibel heute* kostenlos: Nutzen Sie unser **Probe-Abonnement**.

Die nächsten Themen:
- Feste feiern
- Umkehren

www.bibelheute.de

Informationen und Bestellungen:
Katholisches Bibelwerk e.V. • Postfach 150365
70076 Stuttgart • Tel. 0711 / 61920-50 • Fax 0711 / 61920-77
bibelinfo@bibelwerk.de • www.bibelwerk.de

Welt und Umwelt der Bibel
ARCHÄOLOGIE · KUNST · GESCHICHTE

IMPRESSUM
Heft 4/2014

„Welt und Umwelt der Bibel" ist die deutsche Ausgabe der französischen Zeitschrift „Le Monde de la Bible", Bayard Presse, Paris. „Welt und Umwelt der Bibel" ist interdisziplinär und ökumenisch ausgerichtet und entsteht in enger Zusammenarbeit mit international anerkannten Wissenschaftlern.

Verlag:
Katholisches Bibelwerk e.V.,
edition „Welt und Umwelt der Bibel"
Postfach 15 03 65, 70076 Stuttgart,
Tel. 0711/61920-50, Fax: 61920-77

E-Mail: bibelinfo@bibelwerk.de,
www.weltundumweltderbibel.de
www.bibelwerk.de
Konto: Liga Stuttgart, IBAN DE94 7509 0300 0006 451551, BIC: GENODEF1M05
Redaktion:
Dipl.-Theol. Helga Kaiser,
Dipl.-Theol. Wolfgang Baur

Archäologische Beratung:
Prof. Dr. Robert Wenning, Münster
Korrektorat: Michaela Franke M.A.,
m._franke@web.de
Anzeigenverwaltung:
Ralf Heermeyer, heermeyer@bibelwerk.de
Erscheinungsort: Stuttgart

© S. 64-69 Bayard Presse Int., „Le Monde de la Bible" 2002, 2013, all rights reserved;
© sonst edition „Welt und Umwelt der Bibel"

Übersetzung:
Christa Maier, Dr. Ulrich Mihr
Gestaltung:
Olschewski Medien GmbH, Stuttgart
Druck:
Druckerei Raisch GmbH + Co. KG, Reutlingen

PREISE:
„Welt und Umwelt der Bibel" erscheint vierteljährlich.
Einzelheft: € 9,80 zzgl. Versandkosten, (für Abonnenten € 7,50)
Jahresabonnement: € 36,-
ermäßigtes Abonnement für Schüler/Studierende € 28,-
(jeweils inkl. Versandkosten)

AUSLIEFERUNG:
Schweiz:
Bibelpastorale Arbeitsstelle des SKB,
Bederstr. 76, CH-8002 Zürich,
Tel. 044/2059960, Fax: 044/2014307;
info@bibelwerk.ch
Einzelheft sFr 19,- zzgl. Versandkosten (für Abonnenten sFr 16,-),
Jahresabonnement sFr 70,-
(inkl. Versandkosten)

Österreich:
Österreichisches
Katholisches Bibelwerk,
Stiftsplatz 8,
A-3400 Klosterneuburg,
Tel. 02243/32938, Fax: 02243/3293839
E-Mail: zeitschriften@bibelwerk.at
Einzelheft € 11,30
(für Abonnenten € 9,50)
Jahresabonnement € 38,-
(je zzgl. Versandkosten)

Eine Kündigung des Abonnements ist mit einer vierwöchigen Kündigungsfrist zum Jahresende möglich.

Welt und Umwelt der Bibel
ARCHÄOLOGIE ■ KUNST ■ GESCHICHTE

Die Zeitschrift zu Kultur, Religion und Geschichte der biblischen Länder

Verborgene Schätze entdecken

Die ersten zehn Jahrgänge von Welt und Umwelt der Bibel
zum Preis von nur **€ [D] 4,90 / € [A] 5,50 / sFr 9,50** je Heft
(solange Vorrat reicht).

Bestellungen

Tel.: 07 11/6 19 20 50   Fax: 07 11/6 19 20 77   E-Mail: bibelinfo@bibelwerk.de

- ☐ 1/96 3000 Jahre Jerusalem
- ☐ 2/96 Schöpfung
- ☐ 1/97 Damaskus
- ☐ 2/97 Das Heilige Land
- ☐ 4/98 Jesus: Quellen ...
- ☐ 3/99 Tempel von Jerusalem
- ☐ 4/99 Christus in der Kunst (1)
  Von den Anfängen bis ins 15. Jh.
- ☐ 1/00 Der Koran und die Bibel
- ☐ 2/00 Faszination Jerusalem
- ☐ 4/00 Christus in der Kunst (2)
  V. d. Renaissance bis Gegenwart
- ☐ Auf dem Weg zur Kathedrale
  Sonderheft 2000
- ☐ 1/01 Petra. Stadt der Nabatäer
- ☐ 2/01 Paulus

- ☐ 4/01 Echnaton und Nofretete
- ☐ 1/02 Ugarit – Stadt des Mythos
- ☐ 2/02 Jesus der Galiläer
- ☐ 3/02 Isis, Zeus und Christus
- ☐ 4/02 Himmel
- ☐ Entlang der Seidenstraße
  Sonderheft 2002
- ☐ 1/03 Sterben und Auferstehen
- ☐ 2/03 Wer hat die Bibel geschrieben?
- ☐ 3/03 Die Kreuzzüge
- ☐ 4/03 Abraham
- ☐ 1/04 Der Nil
- ☐ 2/04 Flavius Josephus
- ☐ 3/04 Der Jakobsweg
- ☐ 4/04 Prophetie und Visionen
- ☐ 1/05 Von Jesus zu Muhammad

- ☐ 2/05 Religionen im antiken Syrien
- ☐ 3/05 Babylon
- ☐ 4/05 Juden und Christen

Einzelheft je € [D] 4,90 / € [A] 5,50 / sFr 9,50
(keine Staffelpreise)

☐ **Sonderdruck aus Heft 2/01**
Die Reisen des Paulus durch Kleinasien und Griechenland (24 S.)
Sonderpreis € 1,-

☐ **Judäa und Jerusalem**
Sonderpreis € 12,80

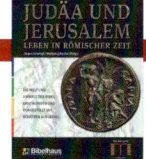

Datum   Unterschrift

zum Sonderpreis von € 12,80

Bestellungen Sonderaktion aus der Schweiz und Österreich bitte an folgende Adressen:

Schweiz:
Bibelpastorale Arbeitsstelle des SKB,
Bederstr. 76, 8002 Zürich,
Tel.: 044/2059960, Fax: 086/044 2059960
E-Mail: info@bibelwerk.ch
Preise: Einzelheft sFr 9,50 zzgl. Versandkosten

Österreich:
Österreichisches Katholisches Bibelwerk,
Stiftsplatz 8, 3400 Klosterneuburg,
Tel.: 02243/32938, Fax: 02243/3293839
E-Mail: zeitschriften@bibelwerk.at
Preise: Einzelheft € 5,50 zzgl. Versandkosten

Absender:

_____
Name, Vorname

_____
Straße, Hausnummer

_____
PLZ, Ort

_____
Kundennummer (falls bekannt)

Bitte freimachen, falls Marke zur Hand

Antwort
Edition „Welt und Umwelt der Bibel"
Katholisches Bibelwerk e.V.
Postfach 15 03 65

70076 Stuttgart

Pläne, Karten und Sonderbände bestellen

„Die Altstadt von Jerusalem" – Reliefkarte
A1, € 3,- (ab 5 Ex. € 2,50)

„Das Heilige Land" – Landkarte
28 x 60 cm, € 1,- (ab 5 Ex. € -,50)

„Die Überlieferung der Bibel" Wichtige Inschriftenfunde
A2, € 2,- (ab 5 Ex. € 1,50)

„Der Nil und seine Heiligtümer"
21,5 x 110 cm, € 2,- (ab 5 Ex. € 1,50)

„Orte am See Gennesaret" Satellitenaufn. + Erläuterungen
A2, € 2,- (ab 5 Ex. € 1,50)

„Der Tempel von Jerusalem" Rekonstruktion + Luftaufnahme
A2, € 2,- (ab 5 Ex. € 1,50)

„Paulus und das antike Korinth" Stadtplan + Begleitheft
A0, € 5,90 (ab 5 Ex. € 5,-)

Judäa und Jerusalem 256 S., € 12,80

1001 Amulett 224 S., € 28,-

Von den Schriften zur (Heiligen) Schrift 175 S., € 29,-

Bestellung bitte ankreuzen:

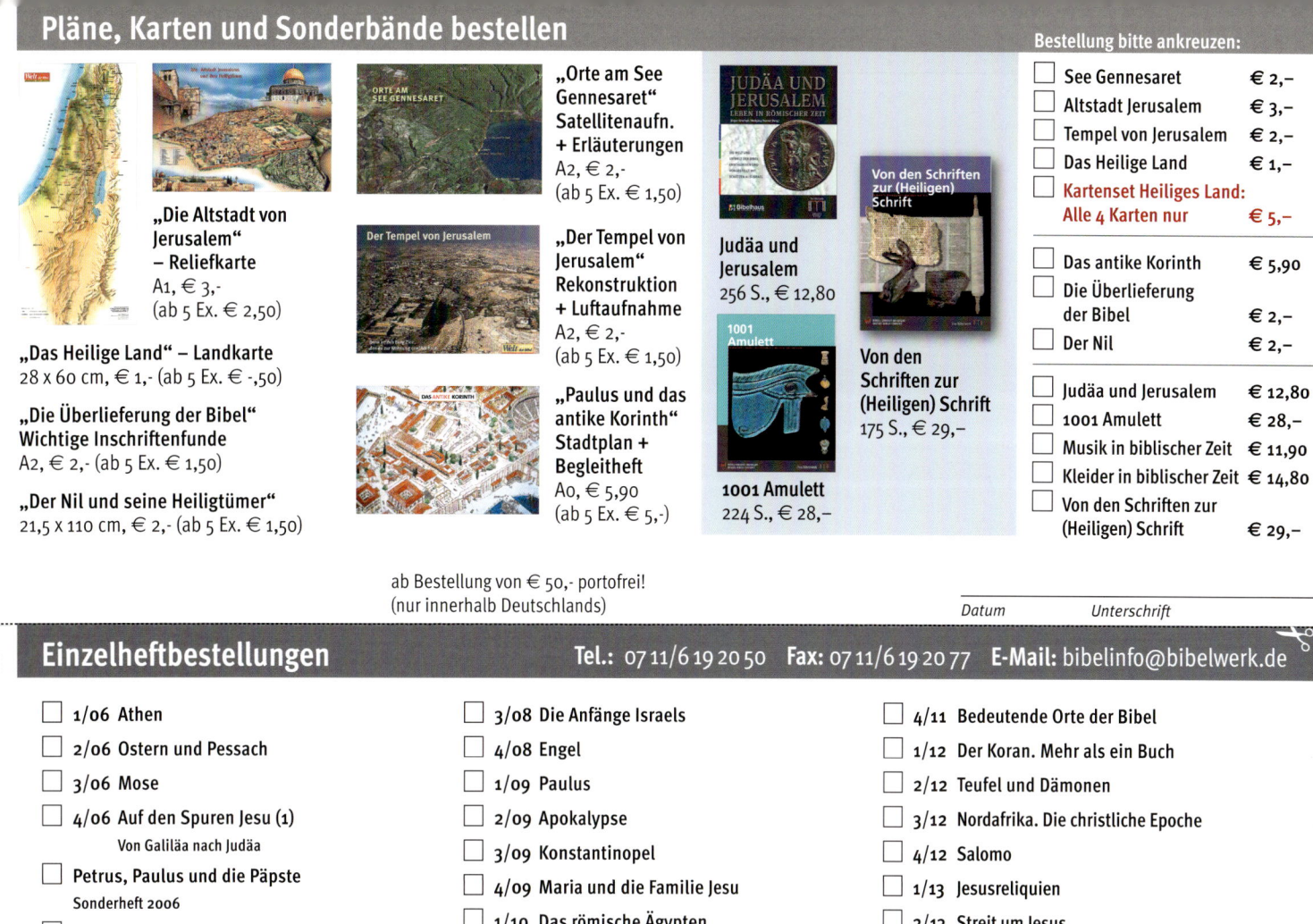

- ☐ See Gennesaret € 2,-
- ☐ Altstadt Jerusalem € 3,-
- ☐ Tempel von Jerusalem € 2,-
- ☐ Das Heilige Land € 1,-
- **Kartenset Heiliges Land: Alle 4 Karten nur € 5,-**
- ☐ Das antike Korinth € 5,90
- ☐ Die Überlieferung der Bibel € 2,-
- ☐ Der Nil € 2,-
- ☐ Judäa und Jerusalem € 12,80
- ☐ 1001 Amulett € 28,-
- ☐ Musik in biblischer Zeit € 11,90
- ☐ Kleider in biblischer Zeit € 14,80
- ☐ Von den Schriften zur (Heiligen) Schrift € 29,-

ab Bestellung von € 50,- portofrei!
(nur innerhalb Deutschlands)

Datum ___ Unterschrift ___

Einzelheftbestellungen

Tel.: 07 11/6 19 20 50 Fax: 07 11/6 19 20 77 E-Mail: bibelinfo@bibelwerk.de

- ☐ 1/06 Athen
- ☐ 2/06 Ostern und Pessach
- ☐ 3/06 Mose
- ☐ 4/06 Auf den Spuren Jesu (1) Von Galiläa nach Judäa
- ☐ Petrus, Paulus und die Päpste Sonderheft 2006
- ☐ 1/07 Heiliger Krieg in der Bibel?
- ☐ 2/07 Auf den Spuren Jesu (2) Jerusalem
- ☐ 3/07 Verborgene Evangelien
- ☐ 4/07 Weihnachten
- ☐ 1/08 Gott und das Geld
- ☐ 2/08 Maria Magdalena

- ☐ 3/08 Die Anfänge Israels
- ☐ 4/08 Engel
- ☐ 1/09 Paulus
- ☐ 2/09 Apokalypse
- ☐ 3/09 Konstantinopel
- ☐ 4/09 Maria und die Familie Jesu
- ☐ 1/10 Das römische Ägypten
- ☐ 2/10 Pilatus und der Prozess Jesu
- ☐ 3/10 Türkei
- ☐ 4/10 Kindgötter und Gotteskind
- ☐ 1/11 Die Apostel Jesu
- ☐ 2/11 Der Weg in die Wüste
- ☐ 3/11 Unter der Herrschaft der Perser

- ☐ 4/11 Bedeutende Orte der Bibel
- ☐ 1/12 Der Koran. Mehr als ein Buch
- ☐ 2/12 Teufel und Dämonen
- ☐ 3/12 Nordafrika. Die christliche Epoche
- ☐ 4/12 Salomo
- ☐ 1/13 Jesusreliquien
- ☐ 2/13 Streit um Jesus
- ☐ 3/13 Propheten: Gelehrte, Streiter, Sänger
- ☐ 4/13 Herodes der Große
- ☐ 1/14 Was nicht im Alten Testament steht
- ☐ 2/14 Die Evangelisten
- ☐ 3/14 Aufbruch zu den Göttern
- ☐ **4/14 Die Ordnung der Sterne**

Einzelheft € 9,80, (für Abonnenten € 7,50), **ab 5 Hefte** je € 8,-, **ab 10 Hefte** je € 7,-, **ab 20 Hefte** je € 6,50,-

Datum ___ Unterschrift ___

Abonnement – Geschenkabonnement

Tel.: 07 11/6 19 20 50 Fax: 07 11/6 19 20 77 E-Mail: bibelinfo@bibelwerk.de

☐ **Abonnement**
Bitte senden Sie mir **„Welt und Umwelt der Bibel"** ab sofort bzw. ab Heft ___
Der Jahresbezugspreis beträgt € 36,- (Schüler/Studenten € 28,-), inkl. Versandkosten.
Bei Versand ins Ausland entstehen Portomehrkosten von € 4,- im Jahr.
(Bestellungen aus der Schweiz und Österreich s. Rückseite)

☐ **Geschenkabonnement**
Bitte senden Sie **„Welt und Umwelt der Bibel"** ab sofort bzw. ab Heft ___
☐ für 1 Jahr ☐ bis auf Weiteres an folgende Adresse (Rechnung geht an Absender):

Name, Vorname ___

Straße, Hausnummer ___

PLZ, Ort ___

Unterschrift ___

Ihr Begrüßungsgeschenk

Jede/r Neuabonnent/in erhält zwei Ausgaben von **„Welt und Umwelt der Bibel"** gratis.
Bitte wählen Sie:

1. ___

2. ___

Bestellungen aus der Schweiz und Österreich bitte an folgende Adressen:

Schweiz: Bibelpastorale Arbeitsstelle des SKB,
Bederstr. 76, 8002 Zürich,
Tel.: 044/2059960, Fax: 086/044 2059960
E-Mail: info@bibelwerk.ch
Preise: Einzelheft sFr 19.- zzgl. Versandkosten,
Jahresabonnement sFr 70.- inkl. Versandkosten

Österreich: Österreichisches Katholisches Bibelwerk,
Stiftsplatz 8, 3400 Klosterneuburg,
Tel.: 02243/32938, Fax: 02243/3293839
E-Mail: zeitschriften@bibelwerk.at
Preise: Einzelheft € 11,30 zzgl. Versandkosten,
Jahresabonnement € 38,- (erm. –25%) zzgl. Versandkosten

Absender:

_____
Name, Vorname

_____
Straße, Hausnummer

_____
PLZ, Ort

_____
Kundennummer (falls bekannt)

Bitte freimachen, falls Marke zur Hand

Antwort
Edition „Welt und Umwelt der Bibel"
Katholisches Bibelwerk e.V.
Postfach 15 03 65

70076 Stuttgart

Pläne, Sonderbände, Karten

Bestellungen aus der Schweiz und Österreich bitte an folgende Adressen:

Schweiz: Bibelpastorale Arbeitsstelle des SKB,
Bederstr. 76, 8002 Zürich,
Tel.: 044/2059960, Fax: 086/044 2059960
E-Mail: info@bibelwerk.ch
Preise: Einzelheft sFr 19.- zzgl. Versandkosten,
Jahresabonnement sFr 70.- inkl. Versandkosten

Österreich: Österreichisches Katholisches Bibelwerk,
Stiftsplatz 8, 3400 Klosterneuburg,
Tel.: 02243/32938, Fax: 02243/3293839
E-Mail: zeitschriften@bibelwerk.at
Preise: Einzelheft € 11,30 zzgl. Versandkosten,
Jahresabonnement € 38,- (erm. –25%) zzgl. Versandkosten

Absender:

_____
Name, Vorname

_____
Straße, Hausnummer

_____
PLZ, Ort

_____
Kundennummer (falls bekannt)

Bitte freimachen, falls Marke zur Hand

Antwort
Edition „Welt und Umwelt der Bibel"
Katholisches Bibelwerk e.V.
Postfach 15 03 65

70076 Stuttgart

Einzelhefte

Bestellungen aus der Schweiz und Österreich bitte an folgende Adressen:

Schweiz: Bibelpastorale Arbeitsstelle des SKB,
Bederstr. 76, 8002 Zürich,
Tel.: 044/2059960, Fax: 086/044 2059960
E-Mail: info@bibelwerk.ch
Preise: Einzelheft sFr 19.- zzgl. Versandkosten,
Jahresabonnement sFr 70.- inkl. Versandkosten

Österreich: Österreichisches Katholisches Bibelwerk,
Stiftsplatz 8, 3400 Klosterneuburg,
Tel.: 02243/32938, Fax: 02243/3293839
E-Mail: zeitschriften@bibelwerk.at
Preise: Einzelheft € 11,30 zzgl. Versandkosten,
Jahresabonnement € 38,- (erm. –25%) zzgl. Versandkosten

Absender:

_____
Name, Vorname

_____
Straße, Hausnummer

_____
PLZ, Ort

_____
Kundennummer (falls bekannt)

Bitte freimachen, falls Marke zur Hand

Antwort
Edition „Welt und Umwelt der Bibel"
Katholisches Bibelwerk e.V.
Postfach 15 03 65

70076 Stuttgart

Abonnement